Gerd Müller

UMDENKEN

Überlebensfragen der Menschheit

MURMANN

»Die Welt kann verbessert werden, die Lage ist nicht hoffnungslos, es lohnt sich, persönlich aktiv zu werden. Gerd Müller entwickelt in seinem Buch ein überzeugendes Programm, an das angeknüpft werden kann und hat entsprechende Schwerpunkte in der Arbeit des Entwicklungsministeriums gesetzt.«

»Eindrucksvoll stellt er gerade in den Bereichen Klimapolitik, Zusammenarbeit mit Afrika und der Welternährungsfrage dar, dass es neue Lösungskonzepte gibt.«

Franz Josef Radermacher

Inhalt

Vorwort
Es ist fünf nach zwölf 5

Einleitung
Wissen allein genügt nicht – Leadership und
Handeln sind gefragt 9

Die Welt im Umbruch

Wie viel Mensch erträgt die Erde? 17

Afrikas Bevölkerung verdoppelt sich 24

Die globale Verkehrswende – Megastädte – Megaslums 32

Die Welt erstickt im Müll 36

Afrika – Faszination und Herausforderung

Marshallplan mit Afrika 43

Eine Welt ohne Hunger ist möglich 58

Klimaschutz – Bedrohung und Chance

Klimaschutz – eine Überlebensfrage der Menschheit,
besonders in Afrika 71

Allianz für Entwicklung und Klima – ein Lösungskonzept 83

Klimaschutz – Was kann ich tun? 95

Der Wald – die Lunge des Planeten 115

Natürliche Lebensgrundlagen schützen 128

Sterben verhindern – Hilfen verstärken

Das Flüchtlingsdrama beenden 135

Globale Lieferketten fair gestalten 147

Europa als internationale Gestaltungsmacht stärken 158

Die Welt ist handlungsfähig – die Agenda 2030 165

Entwicklungspolitik ist Friedenspolitik 174

Epilog:
Wissen ist nicht genug – wir müssen handeln. Jetzt!

Neue globale Herausforderungen erfordern einen
Paradigmenwechsel unseres Tuns 183

Grundsätze für ein Leben in Verantwortung
im 21. Jahrhundert

Acht Leitmotive für unser Tun 188

Anmerkungen 193

Quellenangaben zu den Abbildungen 193

Ausgewählte Literatur 195

Danksagung 197

Über den Autor 199

Vorwort
Es ist fünf nach zwölf

Australien, Kalifornien, Indonesien, Amazonasbecken – dramatische Bilder brennender Steppen und brennender Regenwälder rütteln uns auf: Dies ist ein Weckruf der Natur.

Der Klimawandel, die Bevölkerungsexplosion in Afrika, die Sicherung der Welternährung, Kampf um Wasser, Ebola, Flüchtlingsdramen, all das sind Überlebensfragen der Menschheit. Bei Abschluss der Arbeiten zu diesem Buch im Februar 2020 schritt der Ausbruch der weltweiten Corona-Pandemie voran. Die dramatischen Auswirkungen dieser neuen Herausforderung waren noch nicht absehbar, aber sie werden die Welt und unser Zusammenleben in Zukunft grundlegend verändern.

Wir können die Uhr nicht zurückdrehen, in vielen Bereichen zeigt sie schon fünf nach zwölf an. Dennoch ist es nicht zu spät. Was jetzt gefordert ist, ist entschlossenes Handeln, ein Paradigmenwechsel, ein Umdenken in Politik, Wirtschaft und Gesellschaft, und dies in weltweiter Perspektive. Die Politik hat 2015 in New York einen Weltzukunftsvertrag mit 195 Staaten vereinbart und in Paris ein weltumspannendes Klimaabkommen beschlossen. Wir wissen, was notwendig ist, es fehlt aber an der konsequenten Umsetzung.

Nichts auf meinen Reisen hat mich mehr berührt als das Schicksal der Kinder in den Flüchtlingscamps und Hungerregionen der Welt. Ein Hilferuf der Vergessenen erreichte mich bei meinem Besuch in

Kutupalong: 650 000 Rohingyas, mehr als die Hälfte davon Kinder, vertrieben und verlassen, dabei vergessen von der Weltgemeinschaft. Ein starker Überlebenswille und Nothilfe auch aus Deutschland sichern ihr Überleben. Allein im Nordirak sind es Hunderttausende Menschen, im Krisenbogen Syrien acht Millionen Flüchtlinge zusammengepfercht in Zeltstädten, auf Zeltplanen liegend, und das seit nunmehr acht Jahren. Die Dramatik steigert sich ständig.

Als Entwicklungsminister hatte ich die Möglichkeit, die Krisenregionen zu besuchen und mit den Menschen und Verantwortlichen in Politik, Wirtschaft und Zivilgesellschaft zu diskutieren und nach Lösungen zu suchen. Sie alle wissen, was getan werden muss. Aber dieses Wissen allein reicht nicht. Was wir dringend brauchen, sind Lösungswege, konkrete Aktivitäten, die auf Veränderung zielen, national und global. Wir müssen einen neuen Weg in die Zukunft finden und ihn miteinander gehen. In diesem Buch zeige ich die Herausforderungen auf, wohl wissend, dass es fünf nach zwölf ist, wir also in jedem Fall einen Preis zahlen werden. Aber weil das Leben weitergeht, ist es eben auch nicht zu spät, jetzt umzusteuern.

Ich lebe im Allgäu, in herrlicher Natur. Wohlstand, Zufriedenheit und Frieden zeichnen unser Land aus. Gerade weil die Corona-Pandemie vieles verändert, sind Solidarität und Mitmenschlichkeit mehr denn je gefordert.

Unsere Lebensumstände morgen und die Zukunft unserer Kinder entscheiden sich heute auch und gerade in fernen Kontinenten, in Afrika, Indien und Asien.

Wie viele Menschen erträgt die Welt bei heutiger Technik angesichts einer dramatisch wachsenden Bevölkerung in den Entwicklungsländern? Das müssen wir uns fragen. Lassen sich Klima, Regenwälder, Meere, Biodiversität noch stabilisieren und im heutigen Zustand erhalten? Meine Antwort lautet: Ja. Verhaltensänderung und eine neue Wachstumsphilosophie, der Einsatz nachhaltiger Technologien und mutige Menschen in Politik, Wirtschaft und Gesellschaft machen eine gute Zukunft erreichbar. Eine Welt ohne Hunger ist ebenso möglich wie die Herstellung von Frieden und Sicherheit. Es ist genügend da für uns alle, um auf dem Planeten in Würde zu leben. Mut zu globaler Leadership und eine globale Verantwortungsethik sind erforderlich. Deutschland und Europa müssen sich aus der Erstarrung lösen – wir wissen, was wir erreichen wollen und dass dies möglich ist.

Dieses Buch gibt die Eindrücke und Erfahrungen aus meiner Arbeit als Entwicklungsminister wieder und ist für offene und engagierte Menschen geschrieben, die nicht nur Probleme analysieren und diskutieren, sondern konkret handeln wollen, um die Welt um uns herum ein Stück gerechter und menschlicher zu gestalten.

Papst Franziskus ruft uns in der Enzyklika *Laudato si'* dazu auf: »Übernehmt Verantwortung für das eigene Leben, aber auch für die Zukunft der Schöpfung und für kommende Generationen.« Für die Christen in Politik, Wirtschaft und Gesellschaft gilt als Leitmotiv: Der Starke hilft dem Schwachen, in der Familie wie in der Nachbarschaft, im Staat und in der Völkergemeinschaft.

Wir leben in Deutschland und Europa trotz aller Probleme auf der wohlhabenden Seite des Planeten, und das ist sicherlich auch der Erfolg harter Arbeit und unsere Leistung. In Teilen ist dieser Wohlstand aber auf der Ausbeutung von Mensch und Natur in den Entwicklungsländern aufgebaut. Die Menschen in den Industriestaaten verfügen heute über 60 Prozent des Vermögens, obwohl sie nur 20 Prozent der Weltbevölkerung ausmachen. Wir verbrauchen in den Industrieländern 50 Prozent der Ressourcen und sind für etwa die Hälfte der Umweltbelastungen des Planeten verantwortlich. Ein »Weiter so« wie bisher ist angesichts der Wachstumsprozesse in den Entwicklungs- und Schwellenländern nicht mehr möglich. Wir müssen uns anpassen und lernen zu verstehen, dass wir ein Teil eines großen Ganzen sind. Tragen wir nicht zur Problemlösung in anderen Regionen der Welt bei, werden die Probleme zu uns kommen.

Wollen wir, dass die Erde auch unseren Kindern und Enkelkindern und kommenden Generationen eine gute Lebensgrundlage bietet, so, wie wir sie heute haben, dann müssen wir unser Tun und Sein in eine Balance bringen mit den begrenzten Ressourcen der Erde und den Anforderungen des Klimasystems. Das würde voraussetzen, den Sinn des Lebens und das, was Erfolg ausmacht, weniger materiell zu begreifen und anders zu begründen als bisher. Fundamentale Werte wie Zufriedenheit, Dankbarkeit und Gemeinschaftssinn gilt es in neuer Weise zu leben.

Ich möchte Sie mit diesem Buch inspirieren und teilhaben lassen an vielfältigen Erfahrungen, an schockierenden und beeindruckenden Erlebnissen und an ermutigenden Begegnungen mit Menschen in der ganzen Welt, auch und gerade auf dem afrikanischen Kontinent. Dies ist ein Kontinent, der vielen von uns weit entfernt scheint, der aber in den nächsten Jahrzehnten das Schicksal Europas entscheidend mitprägen wird.

Ich bin bei alldem Optimist geblieben, trotz häufiger Konfrontation mit Hunger, mit Elend und mit Not. Die Herausforderungen der Zukunft sind gewaltig, aber aus meiner Sicht noch lösbar. Ich möchte Sie für diese Themen interessieren und davon überzeugen, in unseren schwierigen Zeiten Teil des Weges in eine gerechtere und friedlichere Welt zu sein.

Einleitung
Wissen allein genügt nicht – Leadership und Handeln sind gefragt

Wir wissen vieles von dem, was zu tun wäre, um die Schöpfung zu erhalten, die Erde und das Klima zu schützen, und auch um die Flüchtlingsproblematik zu lösen und die Bevölkerungsexplosion in Afrika zu stoppen. Wir alle müssen vom Reden und Kritisieren zum konkreten Handeln kommen und dabei kann und sollte jeder seinen Beitrag leisten. Es ist möglich, eine Welt ohne Hunger, ein Leben und Wirtschaften in Frieden und im Einklang mit der Natur zu erreichen. Dies ist ein Aufruf, mitzumachen, die Welt gerechter, nachhaltiger und friedlicher zu gestalten.

Als Entwicklungsminister habe ich das Privileg, den Zustand der Welt aus nächster Nähe erleben zu können. Ich habe den Klimawandel mit eigenen Augen beobachten können, zum Beispiel in der Sahelregion in Afrika. In den fürchterlichsten Flüchtlingslagern dieser Welt habe ich viele Menschen sterben sehen und Hunger, Not und Elend erlebt. In diesen Flüchtlingslagern habe ich aber auch gelernt, dass man mit täglich 50 Cent ein Leben retten kann und dass diese Hilfe wirkt.

Ich kenne die Wirklichkeit. Wenn ich Kinderarbeit auf Kakaoplantagen thematisiere, dann habe ich mir selbst ein Bild von dieser Schufterei in Westafrika gemacht. Wenn ich den Einsturz der Textilfabrik 2013 in Rana Plaza (Bangladesch) kritisiere, dann habe ich mir die Missstände dort angeschaut. Das furchtbare Unglück mit mehr als 1100 Toten und die Gespräche mit Überlebenden waren für mich der Anlass, das Textilbündnis und schließlich auch den Grünen Knopf als Siegel für faire Kleidung ins Leben zu rufen.

Denn wir können und müssen die Zustände in den globalen Lieferketten ändern. Es geht nicht an, dass in den Textilfabriken, Kaffeeplantagen, Gold- und Coltanminen Kinder für unsere Produkte arbeiten und Menschenrechte für sie nicht gelten. Ich freue mich, dass ich jetzt auch in meinem Land Unterstützung bekomme, dies zu ändern, wenngleich die Widerstände nach wie vor gewaltig sind.

Ich stamme aus einer Bauernfamilie in Schwaben. Dort bin ich mit drei Geschwistern aufgewachsen. Im Sommer haben alle bei der Landarbeit mitgeholfen, auch bei den Nachbarn, wenn es notwendig war. Ich habe den größten Respekt vor dem Arbeitspensum, das meine Mutter und mein Vater auf dem Hof bewältigt haben. Deswegen vermeide ich heute das Wort Stress.

Wenn ich ein Vorbild habe, dann ist es mein Vater. Neben seiner Arbeit auf dem Feld und im Stall hat er sich sozial engagiert, als Kirchenpfleger und Kommunalpolitiker. Er hat für etwas gestanden, er hat dafür gekämpft und sich nicht verbiegen lassen. Das war auch mein Einstieg in die Politik, der mich bis heute prägt und mich mit den Menschen in meinem Dorf verbindet. Sie haben mich mit 21 Jahren in den Gemeinderat und zum zweiten Bürgermeister gewählt. Gemeinsam haben wir etwas bewegt und das Gefühl der Ohnmacht besiegt, nichts verändern zu können. Es reicht eben nicht aus, nur zu demonstrieren und zu kritisieren, man muss sich der Verantwortung stellen, handeln und gestalten, im Kleinen und im Großen. Fridays for Future zeigt, dass nicht nur unsere Kinder besorgt sind. Jetzt gilt es, Besorgnis und Protest in konkretes Handeln und zu politischen Ergebnissen zu führen. Es geht um nicht weniger als die Bewahrung und den Erhalt der Schöpfung für unsere Kinder und Enkel.

Wir leben heute in einer Welt, die sich immer schneller dreht. Als ich geboren wurde, gab es gut 2,5 Milliarden Menschen auf dem Globus.

Bald werden es acht Milliarden sein. Jeden Tag wächst die Weltbevölkerung um knapp 230 000 Menschen. Das sind 80 Millionen Menschen im Jahr, einmal Deutschland, davon zwei Drittel in Afrika. Wir leben heute in einem globalen Dorf. Niemand kann sich heute der Globalisierung entziehen. Wenn wir in der Früh die Haare waschen, benutzen wir ein Shampoo, das Palmöl aus Indonesien enthält. Haben Sie schon einmal darüber nachgedacht, dass die Regenwälder dort auch für unser Haarwaschmittel brennen? Und das Hemd, die Jeans, das T-Shirt – egal welches Kleidungsstück wir nach dem Duschen anziehen, stammt mit hoher Wahrscheinlichkeit aus Bangladesch, Äthiopien oder Myanmar. Die Schuhe schließlich kommen aus Vietnam, aus China, aus der ganzen Welt. Nur nicht aus Deutschland, hier gibt es nämlich so gut wie keine Schuhproduktion mehr.

Zu den hässlichen Gesichtern, die die Globalisierung hat, gehört auch das des Krieges. Von uns aus gesehen sind der Irak, Iran oder Syrien sehr weit entfernt. Für Mittelstreckenraketen aber beträgt die Flugdauer von dort bis nach Berlin nur 20 Minuten. Wir dürfen Kriegen und dem Einsatz von schrecklichen Waffen nicht nur mit Presseerklärungen begegnen. Der Frieden in Deutschland, den wir seit 75 Jahren genießen, wurde und wird durch das NATO-Bündnis gewährleistet. Frieden sollte aber auch den Menschen in den anderen Teilen der Welt dauerhaft gewährt sein.

Es gibt neue Gefahren, die unsere Sicherheit im Land bedrohen. So werden Firmen und die öffentliche Infrastruktur im Internet von Kriminellen und Terroristen angegriffen, wie zum Beispiel ein Kreiskrankenhaus in Deutschland – den Ort darf ich hier nicht nennen – dessen Energieversorgung und IT-System komplett lahmgelegt wurden. Was das bedeutet, kann sich jeder vorstellen. Energie- und Wasserversorgung, Entsorgungssysteme, Bahnhöfe und Flughäfen sind täglich Ziele von Cyberangriffen. Das ist die Kehrseite der Digitalisierung. Deshalb brauchen wir ein europaweit koordiniertes Cyberabwehrsystem.

Eine andere Qualität von Bedrohung stellt der Klimawandel dar. Der Himmel gehört allen. Er kennt keine Grenzen: nicht zwischen Deutschland und Frankreich, auch nicht zwischen Europa und Afrika. Klimagase aus China belasten die Atmosphäre ebenso wie diejenigen aus Indien. Heißt, es kann nur eine internationale Antwort auf den Klimawandel geben – oder es wird keine ausreichende Antwort auf diese Schicksalsfrage der Menschheit geben.

Auch vor der gewaltigen Dimension dieser Aufgabe ist Verzagtheit falsch. Leadership und entschlossenes, mutiges Handeln in Europa sind notwendig.

Unsere nationalen Klimaziele sind selbstverständlich ein wichtiger Beitrag zum globalen Klimaschutz. Entscheidend jedoch für das Weltklima ist, was in den Schwellen- und Entwicklungsländern passieren wird, denn dort drohen in den nächsten Jahrzehnten massive Emissionssteigerungen. Genau dort brauchen wir deshalb gewaltige Technologiesprünge, die von einer Wirtschaftspartnerschaft und einer Investitionsoffensive begleitet werden müssen. Nur dann ist eine globale Energiewende möglich, die erst die unterschiedlichen Klimaschutzbemühungen erfolgreich werden lässt. Ein neuer Ansatz muss die Gewinnung von Solarenergie in der Sahara und die Produktion von grünem Wasserstoff, Methanol und klimaneutralen synthetischen Kraftstoffen sein. Auch hier gilt: Jeder kann und muss sich einbringen.

Seit dem 1. Januar 2020 ist das BMZ klimaneutral. Wir handeln entschlossen und zeigen, dass die Umstellung gelingen kann. Alle deutschen Ministerien, Behörden und Betriebe, alle Kommunen in Deutschland können und sollten diesen Weg gehen. Das Gleiche gilt für Kirchen und Verbände und für jeden Einzelnen. Das Thema Klimaschutz wird nicht in zwei oder drei Jahren erledigt sein – es wird uns noch über Jahrzehnte begleiten. Schließlich geht es um eine Schicksalsfrage der Menschheit. Ich habe den Klimaschutz in Afrika auch zum Schwerpunktthema der deutschen Entwicklungszusammenarbeit gemacht, denn dort bewirkt jeder zum Schutz des Klimas ausgegebene Euro ein Vielfaches von dem, was ein Euro für Maßnahmen in Deutschland oder Europa bewirken kann.

Ein Scheitern in der Klimafrage bedeutet zugleich, die Frage von Krieg und Frieden aufzuwerfen – das wird viel zu oft vergessen. Schon heute verlieren Millionen von Menschen in den Dürregebieten Afrikas ihre Lebensgrundlage und kämpfen ums Überleben.

Unser Wohlstand hängt davon ab, dass wir die ökologischen Systeme – das Klima, die Wälder, die Ozeane – als Grundlage unserer Zivilisation intakt halten. Für unsere Bananen, Mangos oder den Kaffee nutzen wir Landressourcen in Südamerika und unsere Wirtschaft braucht Basisrohstoffe wie Coltan oder Kobalt aus Afrika. Ohne sie funktioniert kein Smartphone, kein Computer. Und woher soll das Lithium für Millionen von Elektrofahrzeugen kommen? Stellen wir uns einen Augenblick vor, Afrika würde in einen Ressourcenstreik treten – die Bänder der Autoindustrie stünden still, bei VW in Wolfsburg ebenso wie bei BMW in München. Kein Auto, kein Computer kann ohne die Rohstoffe Afrikas produziert werden. Eine neue Partnerschaft mit Afrika ist für Europa also Chance und Herausforderung zugleich.

Die Herausforderungen, die vor uns liegen, sind enorm. Mit der Agenda 2030, den sogenannten Sustainable Development Goals (SDG), hat sich die Welt einen Weltzukunftsvertrag gegeben, den wir entschlossen umsetzen müssen. Der SDG-Katalog ist die Agenda der Weltgemeinschaft für den Weg in eine nachhaltige Zukunft. Aber einen Katalog aufzulisten, ist eine Sache, ihn erfolgreich umzusetzen eine ganz andere.

Wichtig ist in jedem Fall, dass man sich nicht resigniert ins Private zurückzieht, vielleicht sogar begleitet von dem Gedanken »Nach mir die Sintflut«. Es kommt vielmehr darauf an, dass so viele Menschen wie möglich erste Schritte in die richtige Richtung tun, denn wir sind auch die erste Generation, die mit ihrem Wissen und neuen, nachhaltigen Technologien, Antworten und Lösungen für die Herausforderungen besitzt, um die Vielfalt und den Reichtum der Natur auf der Erde für kommende Generationen zu erhalten.

Aus diesem Grund werde ich in den folgenden Kapiteln bewusst Lösungsansätze aufzeigen und mit konkreten, praktischen Beispielen unterlegen und nicht nur Probleme und Herausforderungen beschreiben. Wir müssen weg von der Negativität und hin zu neuem Mut, mit viel Tatkraft und Optimismus uns den Herausforderungen stellen und Veränderung im Denken und Handeln bewirken.

DIE WELT IM UMBRUCH

Wie viel Mensch erträgt die Erde?

- Die Besiedlung Europas begann erst vor 40 000 Jahren.
- In der Zeit von Christi Geburt bevölkerten circa 200 Millionen Menschen die Erde, zur Zeit von Goethe stieg die Zahl auf eine Milliarde, heute liegt sie bei 7,7 Milliarden und 2050 bei voraussichtlich knapp zehn Milliarden.
- Die Bevölkerung Afrikas wird sich bis 2050 auf 2,5 Milliarden Menschen verdoppeln.
- Heute leben 80 Prozent der Weltbevölkerung in Schwellen- und Entwicklungsländern.
- Täglich wächst die Weltbevölkerung um knapp 230 000 Menschen, im Jahr 2019 lag die Zahl bei 82 Millionen.

Jede Woche vergrößert sich die Weltbevölkerung um die Einwohnerzahl Münchens, einmal im Monat um die New Yorks oder Österreichs und einmal im Jahr um die Bevölkerungszahl eines Landes wie Deutschland.

Blicken wir zurück auf die Geschichte und Entwicklung der Menschheit: Als die Erde vor über vier Milliarden Jahren als Teil des Sonnensystems entstand, kam es in der Folge zur Bildung von Gewässern, Ozeanen, Bergen, vielfältigen Pflanzen- und Tierarten. Lange bevor der Mensch auf den Planeten trat. Im Naturkundemuseum in Berlin ist das Skelett des Brachiosaurus brancai mit 14 Meter Höhe und 25 Meter Länge zu bewundern. Es ist das größte Landlebewesen der Erde und lebte vor 150 Millionen Jahren. Menschliche Spuren dagegen sind erst seit sieben Millionen Jahren nachweisbar. Überträgt man die Erdgeschichte in ein 24-Stunden-Modell, taucht menschliches Leben erst in den letzten fünf Minuten auf.

Ich bin schon mehrfach im Nationalmuseum von Äthiopien gewesen. Dort, in der Hauptstadt Addis Abeba, befindet sich das Skelett von Lucy, eine Vorläuferin des modernen Menschen. Die wissenschaftliche Bezeichnung für diese Spezies lautet *Australopithecus afarensis*. Das zwar nicht vollständig, in seinen Teilen aber gut erhaltene Skelett ist ausgestellt in einem beleuchteten Schaukasten und wirkt überwältigend. Unvorstellbare drei Millionen Jahre alt ist dieses Fossil namens Lucy, das für mich gleichbedeutend ist mit der Wiege der Menschheit. In diesem Sinne sind wir alle ein Stück Afrika.

Zu Lucys Zeiten zogen die Homini in überschaubaren Horden durch Afrika. Die Entwicklung vollzog sich in dieser Anfangsphase unglaublich langsam. Vor 1,6 Millionen Jahren trat *Homo habilis* auf den Plan – ein entscheidender Schritt in der Entwicklung hin zum modernen Menschen. Denn unsere Urahnen nutzten erstmals in größerem Umfang Werkzeug. Das war die Geburtsstunde der Technologie, wie sie die Geschichte der Menschen bis heute prägt: vom Faustkeil über Pfeil und Bogen, die Nutzung der Wasserkraft, die Dampfmaschine, das Passagierflugzeug bis hin zu den Handys und Computern in der heutigen Zeit. Als großer Durchbruch erwies sich die Fähigkeit, Feuer zu machen, weil sich unseren Vorfahren dadurch ein vielfach größerer Umweltraum und damit neue und ertragreiche Nahrungsmittel erschlossen haben. Außerdem bot das Feuer Schutz gegen Kälte und wilde Tiere. Auch wenn *Homo habilis* noch nicht über eine entwickelte Sprache verfügte, blitzte nun zum ersten Mal so etwas wie eine echte menschliche Intelligenz auf.

Die wohl größte Erfindung in der Entwicklung des Menschen ist das Aufkommen der Sprache in der Altsteinzeit. Wie viel leichter war es nun, Ideen auszutauschen! Statt Gesten und Lauten, bildlichen Darstellungen oder auch handgreiflichen Auseinandersetzungen und gemeinsamem Tun gab es nun Worte und Sätze. Die ausdifferenzierte Sprache, der aufrechte Gang und die freie Handlungswahl kennzeichnen den Menschen. Mit der Sprache potenzierten sich Kommunikation, Interaktion und Denken, und unsere Vorfahren haben sich nach und nach aus der natürlichen Evolution verabschiedet und eine eigene menschliche Evolution und Geschichte entwickelt, basierend auf Ideen, Innovationen und Wissen. Bis aus einem anfangs immer wieder vom Aussterben bedrohten Affen die beherrschende Spezies dieses Planeten wurde, vergingen allerdings Millionen Jahre.

Ein vertiefender Blick auf die Entwicklung der Menschen zeigt, wie unendlich mühsam es war, bis wir an dem Punkt angekommen sind, an dem wir heute stehen. Das Abenteuer der Menschwerdung begann in Afrika, und erst vor etwa 40000 Jahren erfolgte die Besiedlung Europas durch den modernen Menschen. Die Frühmenschen lebten von Wasser, Früchten und Tieren. Sie bejagten die Tiere und rotteten viele Tierarten aus.

Erst vor circa 10000 Jahren endete an vielen Orten die Wanderung. Tiere wurden domestiziert, Pflanzen ausgesät und die Landwirtschaft erfunden. Der Mensch begann sesshaft zu werden, Erfindungen, Fortschritt und Entwicklung setzten ein, es entstanden Märkte, Besitztümer und Wettbewerb, Konflikte und Kriege. Während sich über Millionen von Jahren die Anzahl der Menschen kaum vermehrte und in der Zeit von Christi Geburt 200 Millionen Menschen lebten, stieg die Bevölkerungszahl bis etwa 1800 auf eine Milliarde.

Mit neuen Technologien konnten die Menschen die Lagerstätten fossiler Energieträger, erst war es Kohle, später Öl, dann Gas, für sich nutzen. Zum ersten Mal in der Geschichte gab es Energie im Überfluss. Das war der Startschuss für die moderne Welt mit allen positiven und negativen Konsequenzen. Mit dieser Entwicklung ging eine gewaltige Bevölkerungsexplosion einher, ebenso eine massive Erhöhung des Wohlstands – zumindest in Teilen der Welt. Zugleich entstand ein enormer Belastungsdruck auf Naturressourcen, Umwelt und Klima. Mit einer nahezu Verdreifachung der Bevölkerung seit meiner Geburt stieg auch der CO_2-Ausstoß um das Vierfache, der Wasserverbrauch um das Dreifache und der Umfang der Weltwirtschaft nahezu um das Zehnfache.

Wie viel Mensch erträgt die Erde bei einer gegebenen Technologie und Kooperationsstruktur? Die Erde bietet uns nur in begrenztem Umfang Wasser, Boden und Fläche. Würde jeder Mensch auf dem Planeten so leben, konsumieren und wirtschaften wie wir in Deutschland, bräuchten wir heute schon drei Erden. Bei dem Lebens- und Wirtschaftsmodell der Amerikaner wären fünf Erden notwendig. Es ist deshalb klar, dass wir große Veränderungen brauchen: bei der Art der weltweiten Zusammenarbeit, der eingesetzten Technologie und den Lebensstilen. Die Vorgabe für morgen kann kein naives Diktum von »immer mehr Wachstum, immer mehr Produktion, immer mehr Konsum – und das für alle« sein. Seit Mitte des 20. Jahrhunderts findet das Bevölkerungswachstum fast ausschließlich in den Entwicklungsländern statt. Im Jahr 1970 stellten die Entwicklungsländer 65 Prozent der Weltbevölkerung, heute sind es schon 80 Prozent. Es sind viele Menschen, und viele davon sind sehr arm. Allerdings ist wichtig zu erkennen, dass es zum heutigen Zeitpunkt nicht primär die vielen Armen sind, die unser Klima und die Umwelt gefährden. Hauptverantwortlich dafür ist vielmehr der Reichtum, also das Wirtschafts- und Konsummodell der obersten Wohlstandsmilliarde, zu der allerdings mittlerweile auch Menschen aus ärmeren Ländern gehören.

Der mittlere CO_2-Ausstoß pro Kopf in Deutschland liegt bei zehn Tonnen, in Nigeria bei 0,5 Tonnen, in China nun auch schon bei über sieben Tonnen, und das bei 1,4 Milliarden Menschen. Industrieländer stehen in der Verantwortung, aber die aufholenden Schwellenländer mit ihren großen Bevölkerungen spielen zunehmend eine entscheidende Rolle bei der Belastung der Atmosphäre mit Klimagasen.

Die Bevölkerung der OECD-Staaten, der reichen Staaten der Welt, beträgt etwa 17 Prozent der Weltbevölkerung. Sie verbraucht rund 35 Prozent der Ressourcen und verfügt über etwa 70 Prozent des weltweiten Vermögens. Die »Oxfam-Studie 2020« stellt fest, dass einem Prozent der Menschheit 45 Prozent des globalen Vermögens gehören. Dies wirft die Frage von Gerechtigkeit auf. Wem gehören die Reichtümer des Planeten? Bei wachsender Weltbevölkerung werden die Ressourcen immer knapper und teurer werden, wenn uns technisch nichts Neues einfällt. Nur die Reichen können sich unter Umständen zukünftig Öl, Wasser, Boden, seltene Erden noch leisten – die Reichen in unseren Ländern wie in den Entwicklungs- und Schwellenländern. Es droht zu immer mehr Spaltung wegen der Ressourcenengpässe und der Klimapolitik zu kommen – kein Szenario für eine friedliche Zukunft. Wer auf eine weitere Spaltung in einer globalisierten Weltwirtschaft zwischen Arm und Reich setzt, nimmt Krieg, Terror und Vertreibung in Kauf. Die Zeit wird knapp, um dies durch eine neue Verantwortungsethik, entsprechende Formen der Zusammenarbeit und eine neue Technologie zu vermeiden. Uns allen muss klar sein, dass wir heute in einem globalen Dorf in einer einzigen Welt leben. Wir sitzen alle in einem Boot, wenn auch in verschiedenen Klassen, und unser aller Lebensqualität ist für die Zukunft bedroht.

Der Schutz globaler Güter wie Klima, Umwelt, Meere, Wasser, tropische Regenwälder, Boden sind Existenzgrundlage menschlichen Lebens und bedürfen, weltweiter Schutzstandards. Dazu ist es notwendig, dass sich die Industrieländer zu einer neuen, globalen Verantwortungspartnerschaft bekennen, weltweite soziale Verantwortung übernehmen und Nachhaltigkeit zum Prinzip allen menschlichen Tuns machen. Die Weltgemeinschaft hat mit der Verabschiedung des New Yorker Weltzukunftsvertrages und der Festlegung der 17 Nachhaltigkeitsziele (SDG) und dem Pariser Weltklimavertrag 2015 beschrieben, wie das Miteinander zu gestalten ist. Wir alle wissen, was wir für eine wachsende Weltbevölkerung erreichen wollen.

Zielvorstellungen reichen aber nicht aus. Erforderlich ist kluges Handeln bei Akzeptanz verschiedener unvermeidbarer Konsequenzen, zum Beispiel für die eigene Lebenssituation. Hier stehen wir noch am Anfang – auch in Europa.

Wir brauchen weltweit verbindliche ökologische, soziale Standards, auf die sich EU, Weltbank, WTO, IWF verpflichten. Notwendig ist die weltweite Durchsetzung des Verursacherprinzips im Umweltschutz und der ökologischen Kostenwahrheit, zum Beispiel bei der Besteuerung weltweiter Transporte mit Schiff und Flugzeug. Es ist nicht akzeptabel, dass es im internationalen Luft- und Schiffsverkehr nach wie vor keine verursachergerechte Besteuerung gibt. Internationale Verkehre können nicht beliebig ausgebaut und gesteigert werden. Umweltkosten müssen nach dem Prinzip der Kostenwahrheit, dem Verursacher- und Territorialitätsprinzip umgelegt werden. Ich hatte ein Schlüsselerlebnis im Hamburger Hafen, als dort eines der größten Seecontainerschiffe der Welt einlief – ein Schiff mit 25 000 Containern an Bord, das mit einer Fahrt 150 Millionen Paar Schuhe aus Asien nach Hamburg transportierte. Bis heute fahren diese Schiffe mit dem dreckigsten Schweröl, das es überhaupt gibt, verbunden mit höchsten Umweltbelastungen sowie mit einer Nullkostenbelastung für die durch die Transporte erzeugten Umweltschäden.

Zurück zur Entwicklung der Weltbevölkerung. Die UN gehen im jüngsten Weltbevölkerungsbericht davon aus, dass im Jahr 2050 rund 9,7 Milliarden Menschen auf der Erde leben werden. Wäre die Welt ein Dorf mit 100 Einwohnern, so kämen heute 59 Menschen aus Asien, 17 aus Afrika, zehn aus Europa, acht aus Lateinamerika, fünf aus Nordamerika und ein Mensch aus Ozeanien. Mehr als die Hälfte des Bevölkerungswachstums bis 2050 wird in neun Ländern erfolgen: in Indien, Nigeria, Pakistan, Demokratische Republik Kongo, Äthiopien, Tansania, Indonesien, Ägypten und den USA.

WACHSTUM DER WELTBEVÖLKERUNG BIS 2050

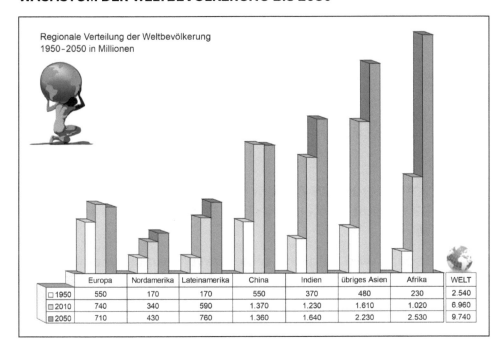

Regionale Verteilung der Weltbevölkerung 1950–2050 in Millionen

	Europa	Nordamerika	Lateinamerika	China	Indien	übriges Asien	Afrika	WELT
1950	550	170	170	550	370	480	230	2.540
2010	740	340	590	1.370	1.230	1.610	1.020	6.960
2050	710	430	760	1.360	1.640	2.230	2.530	9.740

Afrikas Bevölkerung verdoppelt sich

- 2050 werden 25 Prozent der Menschen Afrikaner, 53 Prozent Asiaten und circa 7 Prozent Europäer sein.

- Nigeria wird aufgrund seiner Bevölkerungsdynamik 2050 das drittgrößte Land der Erde sein.

- Familienplanung und Gleichberechtigung der Frauen sind Schwerpunkte in der deutschen Entwicklungszusammenarbeit.

- Afrika ist der Kontinent der Jugend, das ist Chance und Herausforderung zugleich. Jährlich sind 25 Millionen neue Jobs notwendig.

Afrikas Bevölkerung wächst absolut am schnellsten und wird sich bis 2050 fast verdoppeln. Mit 2,5 Milliarden Menschen stellt Afrika 2050 dann 25 Prozent der Menschheit, 53 Prozent leben in Asien und nur noch 7,3 Prozent in Europa. Die Gewichte verschieben sich dramatisch.

Bei meinem Besuch in Kinshasa, der Hauptstadt der **Demokratischen Republik Kongo**, bekam ich dann doch einen leichten Optimismusknick. Hier hat sich die Bevölkerung seit 1980 bis heute von 25 Millionen auf 100 Millionen vervierfacht. Das Durchschnittsalter der Menschen liegt unter 20 Jahren. Elend, Not, Arbeitslosigkeit sind überall auf den Straßen greifbar. Zwei Drittel der jungen Menschen haben keine Ausbildung und keinen Arbeitsplatz. Ich habe mir bei der Fahrt durch die Elendsstraßen immer wieder die Frage gestellt, wovon die Menschen leben und wie sie überleben. Und dann haben mich Kinder bei meinem Besuch im Slum mit der deutschen Nationalhymne empfangen, gespielt auf Instrumenten, die aus Müll gefertigt waren. Die Kinder des Orchesters waren begeistert über den Besuch eines deutschen Ministers und sprühten geradezu vor Hoffnung auf Ausbildung, Zukunft und Arbeit. Wer aus Müll Trompeten, Posaunen, Geigen bauen kann, überzeugt mit einem unschlagbaren Überlebens- und Zukunftswillen.

Wie soll und kann eine Regierung aber diese gewaltigen Herausforderungen bewältigen? Mit Vorwürfen jedenfalls sollten wir uns zurückhalten. Ein Ansatzpunkt sind Investitionen in Ausbildung und Bildung der Jugend dieser Länder. Der Kongo ist reich an seltenen Erden, Kobalt, Coltan und vielem mehr. Wir, die reichen Länder, sollten und dürfen die natürlichen Ressourcen dieser Länder nicht ausbeuten, Kinder schuften lassen und Hungerlöhne am Anfang der Lieferketten bezahlen. Es muss ein Transfer von Reich zu Arm stattfinden. Im Kongo wurde mir klar: Entweder wir handeln jetzt entschlossen und kooperativ, dann können wir die Entwicklung in den Ländern Afrikas positiv beeinflussen, oder wir tun es nicht. Dann müssen wir uns auf Bürgerkriege, Hunger, Flucht und Vertreibung einstellen. Ich muss das so deutlich sagen, denn vielen in Politik und Wirtschaft in Deutschland und in Europa ist diese Konsequenz offensichtlich immer noch nicht klar. Das Bevölkerungswachstum Afrikas stellt auch uns in Europa vor riesige Herausforderungen. Die Menschen brauchen Nahrung, Energie, Infrastruktur, Wohnungen, Jobs. Allein 25 Millionen neue Jobs jedes Jahr sind notwendig, um der Jugend Afrikas Arbeit zu bieten.

Niemals vergessen werde ich meinen Besuch in einem der schrecklichsten Flüchtlingscamps, die ich jemals gesehen habe, in **Juba im**

Südsudan. Zelte in Fäkalien schwimmend, kein Wasser, und das bei 35 Grad Hitze und mehr. Ich war froh, in der Unterkunft des örtlichen Bischofs mit meinen Mitreisenden am Abend angekommen zu sein. »Trinken wir noch ein Bier?« war die Frage. »Ja natürlich« die Antwort. Das Bier war zu unser aller Überraschung ausgesprochen gut. In der kleinen Unterkunft hing ein großer Sony-Flachbildschirm. Das gibt es doch nicht, dachte ich mir. Im entferntesten Afrika, in der dunkelsten Ecke, die ich kenne, konnten wir die Übertragung des Bundesligaspiels Bayern München gegen Hertha BSC mitverfolgen. Die afrikanische Jugend war weniger fasziniert vom Spiel als von den Werbeeinblendungen. Mode, Schmuck, Autos, westliches Leben, eine andere Welt, der Lockruf eines anderen Universums, der Lockruf Europas an die im Saal versammelte Jugend in Juba. Seit diesem Abend kann ich verstehen, dass junge Afrikaner sich aufmachen Richtung Europa und diese aus ihrer Sicht neue, schöne, paradiesische Welt suchen. Sie wissen nicht, was ihnen auf der Strecke durch die Wüste, durch Schlepper und Verbrecher bevorsteht. Und sie wissen auch nicht, dass auch das Leben bei uns nicht immer einfach ist. Aber wie sollten sie das alles auch wissen?

Uns muss jedenfalls klar sein, dass wir auch hinsichtlich der Informationsverbreitung in einem globalen Dorf leben. Im Zeitalter der Digitalisierung sieht und weiß die afrikanische Jugend, welches Leben in Deutschland, in Europa, in Amerika möglich ist, wobei die jungen Menschen natürlich meist die Sonnenseiten sehen, also die Luxusseiten unserer Welt. Das steigert die Erwartungen ein weiteres Mal. Es ist ein gewaltiger Lockruf. Wir müssen dem etwas entgegensetzen, indem wir zum Beispiel Chancen, Bildung, Jobs und Zukunft vor Ort schaffen. Genau das ist auch möglich, denn diese Länder sind ja nicht arm. Afrika ist ein reicher Kontinent – reich an Jugend, Ressourcen, Land, Natur, Schönheit und Kultur.

Wir brauchen eine Investitions- und Innovationsoffensive aus Europa nach Afrika. Dabei kommt es insbesondere auch auf die Bildung der jungen Generation an. Bevölkerungswachstum verlangsamen ist ein

Thema der Armutsbekämpfung. Besonders wirksame Hebel sind Investitionen in Gesundheit und Bildung und die Stärkung der Rolle der Frauen. Wer weiß, dass er ein Einkommen hat, im Alter versorgt wird, muss sich nicht auf seine Großfamilie verlassen. Wenn Frauen davon ausgehen können, dass ihre Kinder bei der Geburt und über das fünfte Lebensjahr hinaus überleben, bekommen sie weniger Kinder. Es ist empirisch klar erwiesen: Wenn der Bildungsgrad steigt, steigt der Wohlstand, werden Arbeitsplätze geschaffen, und es sinken in der Folge die Geburtenraten.

Niger ist das Land mit dem heute niedrigsten Bildungsstand in Afrika und der durchschnittlich höchsten Kinderzahl mit 7,2. In Niger habe ich eine junge Frau getroffen, die 14 Jahre alt war und gerade ihr zweites Kind bekommen hatte. Eigentlich war sie noch ein junges Mädchen, aber schon Mutter von zwei Kindern. Als das erste Kind zur Welt kam, brach sie die Schule ab. Das wird so erwartet. Damit war der Lebensweg dieser jungen Frau vorgezeichnet. Mit 15 wird das dritte Kind kommen und so weiter. Vielfach geht es dann in den Familien nur noch ums Überleben – der Frauen selbst und ihrer Kinder. Dagegen muss etwas unternommen werden. Aktive Familienplanung darf nicht weiter tabuisiert werden. Ich mache dies zum Thema jedes Gespräches mit unseren Partnern, den Ministern und den Präsidenten. Die Reaktionen sind ganz unterschiedlich.

In **Malawi** ist Staatspräsident Peter Mutharika sich des Problems der Bevölkerungsentwicklung nicht nur bewusst, er arbeitet mit uns und den Kirchen im Land aktiv zusammen, um die Situation zu ändern. So habe ich eine Zeltschule besucht, die sich des Themas annimmt. Wie ein Wanderzirkus zieht die Schule von Region zu Region, um an den Wochenenden junge Frauen und Männer aufzuklären und vor allem auch den Frauen kostenlos Verhütungsmittel zu geben. 250 Millionen Frauen weltweit haben heute keinen Zugang zu Verhütung – ein Skandal. Jedes Jahr kommt es zu circa 90 Millionen ungewollten Schwangerschaften. Dagegen bekommen die Frauen in Malawi in der Zeltschule kostenlose Verhütungsmittel – die Pille, Kondome, Implantate. Aber jede Methode hat ihre eigenen Schwierigkeiten. Beim Kondom zum Beispiel muss der Mann mitmachen, und das ist schwierig. Ich war erstaunt, wie viele Frauen sich an einem Sonntagnachmittag in der Zeltschule sterilisieren lassen, und sprach einige von ihnen darauf an. »Ich habe jetzt vier Kinder, und mehr können wir nicht ernähren«, so eine von vielen ähnlichen Antworten. Die Sterilisierung geschieht in einem Klima der Solidarität unter Frauen. Sie kommen an einem Nachmittag mit einer Freundin vorbei, ohne dass die Männer im Dorf davon wissen oder einwilligen. Es muss viel Aufklärung betrieben werden. So habe ich mit einer jungen Frau gesprochen, die mir erklärte, dass Mädchen, wenn sie schwanger sind, nicht mehr zur Schule gehen dürfen. Ich konnte das nicht glauben und habe nachgefragt. Die Antwort: Nein, es geht wirklich nicht. An Schulen gibt es keine schwangeren Mädchen. Darüber wird nicht gesprochen.

Erfreulich in Malawi war die offene Zusammenarbeit mit der Kirche, was durchaus nicht in allen afrikanischen Staaten gegeben ist. Die Maßnahmen in Malawi zeigen Erfolg. Vor zehn Jahren haben die Frauen dort im Schnitt noch sechs Kinder zur Welt gebracht. Dies hat zu einer Verdopplung der Bevölkerung innerhalb von 20 Jahren beigetragen. Heute kommen (nur noch) 4,5 Kinder je Frau zur Welt.

Ganz anders die Situation in **Uganda**. Dort hat mir Präsident Yoweri Museveni stolz erklärt: »In meiner Regierungszeit hat sich die Bevölkerung des Landes verdoppelt. Ich sehe diese Kinder alle als meine Enkel an, und ich hoffe, dass es in meiner Amtszeit zu einer weiteren Verdopplung kommt. Wir haben das Land«, so Museveni, »wir haben den Boden, wir haben das Wasser. Ich sehe da kein Problem.«

Das war ein Gespräch fernab jeder Realität im Lande. Während meiner Fahrt durch die Armutsviertel habe ich mich gefragt, ob der Präsident jemals aus der Hauptstadt Kampala hinaus und aufs Land gefahren ist. Ob er sich schon einmal diese Hütten angeschaut und die Frauen gesehen hat, die mit Hacken ihre Felder bestellen. Männer habe ich auf den Feldern übrigens keine gesehen! Der entscheidende Punkt für eine Veränderung der Situation ist beziehungsweise wäre die Einsicht der Regierenden, der Kirchen und der Schulen in diesen Ländern, dass das Bevölkerungswachstum eine fatale Dynamik auslöst bestehend aus Not, Elend, Hunger, Flucht und dass es Chancen gibt, dem entgegenzusteuern.

Um den fatalen Kreislauf einer immer größer werdenden Bevölkerung zu durchbrechen, ist die Gleichberechtigung und Selbstbestimmung der Frau entscheidend wichtig, der volle Zugang zu Bildung und der Ausbau des Gesundheitssystems. Es gibt gute Beispiele, die zeigen, was zu tun ist. Viele deutsche NGOs sind vor Ort zu Bevölkerungsfragen aktiv. Diese Aktivitäten gilt es auszubauen.

Länder wie Ghana, Tunesien und ganz besonders Bangladesch haben in der Vergangenheit hier ganz Erstaunliches bewirkt. In **Bangladesch** bekam eine Frau in den 1970er-Jahren im Schnitt noch fast sieben Kinder, heute ist die Rate auf 2,1 gesunken. Das Land hat sich mit einer Frau als Präsidentin an der Spitze für Investoren attraktiv gemacht, in Bildung investiert und aktive Familienplanung betrieben. Es muss kein Naturgesetz sein, dass die Weltbevölkerung explodiert. Die Entwicklung zeigt, dass die Zahl der Kinder pro Frau schon seit Jahren zurückgeht. Im weltweiten Durchschnitt gebar eine Frau 1965 noch fünf Kinder, heute sind es nur noch 2,5. Die UN rechnen damit, dass bis zum Ende des Jahrhunderts die Weltbevölkerung, nachdem sie bei gut elf Milliarden ihren Höhepunkt erreicht hat, wieder schrumpfen wird.

Entscheidend für die Geburtenraten ist der Entwicklungsstand eines Landes. In Europa und Ostasien liegen die Geburtenziffern bei 1,6, das Bevölkerungswachstum konzentriert sich im Wesentlichen auf die 47 am wenigsten entwickelten Staaten der Welt und ganz besonders auf die 33 ärmsten Länder in Afrika. Im Weltbevölkerungsranking wird davon ausgegangen, dass bis zum Jahr 2100 Indien mit einem Zuwachs von 26 Prozent und dann 1,55 Milliarden Menschen Platz eins der größten Länder der Welt einnehmen wird, gefolgt von

China (wo die Bevölkerung rasch schrumpfen wird) mit 941 Millionen und Nigeria mit 729 Millionen, Tansania mit 316 Millionen. Die UN rechnen damit, dass sich die Bevölkerung des afrikanischen Kontinents bis 2050 auf nahezu 2,5 Milliarden verdoppeln wird. Dies zeichnet sich aktuell sichtbar ab. Besonders besorgniserregend ist die weitgehende UN-Annahme, dass bis zur Jahrhundertwende die Bevölkerung Afrikas auf 4,5 Milliarden Menschen anwachsen könnte. Die Überlebensfragen, die sich daraus ergeben würden, betreffen nicht nur Afrika, sondern auch uns in Europa und in Deutschland. Kann die Ernährung nicht sichergestellt werden, kommt es zu Hunger, Not, Kriegen, Flucht und Vertreibung.

Die Energieversorgung ist die Basis jeglicher Entwicklung, für die Schaffung von Jobs und Zukunftsperspektiven. Energie für alle Afrikaner und Inder auf der Grundlage von fossilen Brennstoffen würde allerdings das endgültige Aus der Zwei-Grad-Zielperspektive für das Klima bedeuten.

Wissenschaftler haben berechnet, dass der Zugang zu Strom aus der Steckdose für jeden Haushalt in Afrika und Indien in den nächsten 20 Jahren im schlimmsten Fall bis zu 1000 neue Kohlekraftwerke bedeuten kann. Dieses Horrorszenario ist derzeit voll in der Umsetzung. Über 500 Kohlekraftwerke sind in Afrika derzeit in Planung oder im Bau. Hier stellt sich die Schicksalsfrage für unsere Zivilisation. Klima- und Umweltschutz in Afrika und Indien ist Klima- und Umweltschutz für Deutschland und Europa. Der afrikanische Kontinent hat dazu alle Potenziale und kann der Kontinent der erneuerbaren Energien von Sonne, Wasser, Bioenergie und Wind werden.

Wir haben in Europa und in Deutschland dazu Technologien zur Verfügung, müssten aber die erforderliche Finanzierung für Afrika und Indien mobilisieren, was in unseren Ländern bisher nicht konsensfähig ist. Ferner gibt es bisher kaum Zeichen aus dem Privatsektor, sich in Afrika oder Indien in großem Stil zu engagieren. Ich argumentiere in diesem Kontext für einen neuen Green Deal. Der ist jetzt auch in Europa vorgesehen, allerdings wieder viel zu sehr in europäischer Binnenperspektive angelegt. Ich plädiere stattdessen für einen Green Deal zwischen Europa und Afrika, der uns alle gewinnen lassen würde. Hoffentlich haben wir dazu die Klugheit und den Handlungswillen. Wir diskutieren uns in Deutschland und Europa die Köpfe heiß über Tempolimit, Verbot von Ölheizungen und andere Maßnahmen zum Klimaschutz, während in Afrika und in Indien mit unseren Investitionen in Zukunftstechnologien und erneuerbare Energien eine vielfache Wirkung für Mensch, Umwelt und Klima erzielt werden könnte.

Die globale Verkehrswende – Megastädte – Megaslums

- Bis 2050 wird voraussichtlich 70 Prozent der Weltbevölkerung in Städten leben.

- In den Entwicklungs- und Schwellenländern entstehen Megastädte und Megaslums.

- Es werden sich gewaltige Herausforderungen an die Infrastruktur im Bereich Müllentsorgung, Abwasser, Wasser, Wohnungen, Jobs ergeben.

- Die hundertfache Überschreitung europäischer Emissionsgrenzwerte in afrikanischen, asiatischen Megacitys ist an der Tagesordnung.

Eine weitere große Herausforderung ist die Entwicklung neuer Mobilitätssysteme. An den Abgasen der Verbrennungsmotoren ersticken die Menschen in Delhi, Kinshasa oder Kairo. Immer wieder ärgere ich mich, wenn der afrikanische Kontinent als Entsorgungsgebiet für Altfahrzeuge und Alttechnik aus Deutschland benutzt wird. Afrika muss einen Quantensprung in der Technologie und Mobilität der Zukunft machen.

In **Ruanda** zeigen wir in Kooperation mit Siemens, SAP und anderen deutschen Firmen, wie moderne, urbane Mobilität in afrikanischen

Städten organisiert werden kann. Kigali ist hier weiter als manche deutschen Städte.

Die Voraussagen für die wachsenden Verkehrsströme in den Entwicklungs- und Schwellenländern sind dramatisch. Es ist nachvollziehbar, dass die Menschen überall auf der Welt davon träumen, dass das Fahrrad durch ein eigenes Motorrad oder ein Auto abgelöst werden kann. Wer sich an China und den dortigen Verkehr 1980 erinnert, kann nachvollziehen, was passieren wird. Damals war es eine große Errungenschaft, dass jeder Chinese mit dem Fahrrad in der Stadt unterwegs war. Millionen Chinesen in dunkler Einheitsuniform mit Fahrrädern in Bewegung.

Bei meinem Besuch in **Vietnam** vor einigen Jahren konnte ich die nächste Mobilitätsstufe beobachten, nämlich Zehntausende von (stinkenden) Zweitaktmopeds. Zwischenzeitlich hat jeder Mensch auf dem Planeten das Bild und den Wunsch vor Augen, selbst Besitzer eines Autos zu sein. So hat sich die Zahl der Pkw in den letzten Jahren weltweit von 500 Millionen auf jetzt nahezu eine Milliarde Autos verdoppelt. Bis 2030 wird mit einer weiteren Steigerung gerechnet auf sage und schreibe 1,7 Milliarden Kraftfahrzeuge.

Doch nicht nur die Privatverkehre, sondern auch die wachsenden Güterverkehre explodieren. Zwischen 2000 und 2020 hat sich der Welthandel vervierfacht. Heute werden jährlich 50 Millionen Standardcontainer verschickt. Auch beim Flugverkehr explodieren die Zahlen. Wie soll und kann damit umgegangen werden in den Metropolen Asiens, Afrikas und Lateinamerikas? Die Verkehre verursachen heute mehr als ein Viertel aller energiebezogenen Emissionen. Die hundertfache Überschreitung europäischer Emissionsgrenzwerte in afrikanischen, asiatischen und indischen Megacitys ist an der Tagesordnung. Neben dem Straßenverkehr trägt auch der Schiffs- und Luftverkehr signifikant zum Klimawandel bei. Es ist nicht davon auszugehen, dass in den Entwicklungs- und Schwellenländern morgen der Umstieg auf Elektroautos erfolgt. Der Verbrennungsmotor bleibt in diesen Ländern am Markt. Umso wichtiger ist es, neue technologische Antworten, nachhaltige Mobilitäts- und Logistiklösungen in Entwicklungs- und Schwellenländern zu entwickeln. Der Einstieg in die Wasserstoff- und Methanolproduktion und die Produktion synthetischer Kraftstoffe unter Ausnutzung der Kraft der Sonne muss und wird ein Weg in die Zukunft sein. Die deutsche Automobilindustrie sollte sich deshalb an den jetzt entstehenden Forschungs- und Produktionsplattformen in afrikanischen Ländern beteiligen. Wir brauchen eine technologische Revolution im Mobilitätsbereich für die Entwicklungs- und Schwellenländer, letztlich aber auch für uns in Europa. Im Rahmen des Habitat-III-Prozesses wurde der Verkehrssektor als zentraler Hebel für eine nachhaltige Gestaltung der Urbanisierung identifiziert und ist zweifelsohne Voraussetzung für wirtschaftliche Entwicklung.

Städte entstehen und werden zu Megaslums

Die Jugend zieht es in die Städte. Bis 2050 wird der Anteil der in Städten lebenden Weltbevölkerung auf über 70 Prozent anwachsen. Die Anforderungen an die Infrastrukturentwicklung sind gewaltig. Viele dieser Ballungsräume sind schon heute nicht mehr regierbar, afrikanische und asiatische Megacitys stehen jetzt schon vor dem Kollaps. Nicht nur die Verkehrs- und Smogsituation ist lebensgefährlich, sondern die Lebenssituation insgesamt. Abermillionen Menschen ziehen vom Land in die urbanen Zentren.

Ich habe dies zum Beispiel in **Nairobi** beim Besuch eines der größten städtischen Slumgebiete der Welt gesehen. Hunderttausende leben am Rande Nairobis in Kibera ohne Infrastruktur, das heißt ohne Wasser, Strom, Abwasser, Müllbeseitigung. Unvergessen ist mir das Bild des ankommenden Zuges, der sich durch Rangieren den Weg durch die Müllhalden suchen muss (siehe Bild). Kinder und Jugendliche aus den dörflichen Gebieten suchen ihre Chance auf ein besseres Leben in den Städten und landen allzu häufig in Prostitution,

Alkohol, Drogen, Bandenkriminalität und Ausbeutung. Auf meine Frage an die begleitenden Sozialarbeiter, ob man nicht durch den Bau einfacher Häuser mit Wasser und Abwasser den Menschen helfen könnte, bekam ich die ernüchternde Antwort: Neue Wohnungen würden die Slums nur vergrößern, die Wohnungen würden weitervermietet, die Slums an Attraktivität gewinnen und sich ausdehnen.

Die Zukunft in Asien, Indien und Afrika kann nicht in unregierbaren Megacitys liegen, sondern in einer Stärkung der ländlichen Regionen, in Investitionen in Landwirtschaft, im Aufbau von Arbeitsplätzen durch verarbeitende Industrie, in Schulen und Infrastruktur. Die Städte sind eine große Verheißung, aber auch ein unendlicher Fluch für die Menschen. Für viele von ihnen gibt es nur noch ein Leben auf dem wachsenden Müllberg der Großstädte. Arbeitsplätze, Schulen, Infrastruktur, Wohnungen, Müllentsorgung – eine lange Kette ungelöster Probleme und Herausforderungen mit schwer absehbaren Konsequenzen und Folgen im Fall eines Scheiterns. Vorstellungen und Ideen für Lösungen sind vorhanden. Ob es allerdings gelingen wird, sie umzusetzen, ist fraglich. Die Hoffnung aufzugeben wäre aber auch nicht hilfreich. Deshalb engagiere ich mich weiter.

Die Welt erstickt im Müll

- Unser westlicher Konsum- und Lebensstil erzeugt weiter drastisch steigende Müllmengen.

- Der anhaltende Plastikboom hinterlässt in den Entwicklungsländern und in den Meeren der Welt katastrophale Schäden.

- Der Müllexport von Industrieländern in Entwicklungsländer muss zugunsten einer Kreislaufwirtschaft gestoppt werden, in der Verantwortung vom Anfang bis zur Entsorgung eines Produktes übernommen wird.

- Ökologische Mindeststandards in globalen Lieferketten müssen verbindlich zum Schutz globaler Güter gelten.

China stoppt den Altpapierimport aus Deutschland. Auch andere asiatische Staaten weigern sich, unseren Plastikmüll weiter abzunehmen. Zehn afrikanische Länder haben inzwischen Plastiktüten verboten. Mittlerweile ist dies auch in Deutschland gelungen – ein kleiner Schritt nach langen Diskussionen, der deutlich zeigt, dass wir kritisieren und protestieren, die Konsequenzen unseres Tuns kennen, es aber nur sehr bedingt schaffen, Verhaltensänderungen auf der Basis von Freiwilligkeit umzusetzen.

Im Meeresforschungsinstitut in Kiel habe ich das erste Mal erfahren, dass kleinste Mikroplastikteile auch in meiner Zahnpasta oder im Haarwaschmittel zu finden sind. Über das Abwasser gelangen mittlerweile Millionen von Tonnen Mikroplastikklumpen über die Flüsse in die Weltmeere. Vor zehn Jahren putzten wir die Zähne noch ohne Plastik.»Wo liegt hier der Fortschritt?«, frage ich mich. Im Jahr 2018 wurden weltweit 250 Millionen Tonnen Plastikmüll produziert. Die Plastikproduktion liegt natürlich noch wesentlich höher. Davon wurden nach mir vorliegenden Zahlen 50 Millionen Tonnen recycelt, 50 Millionen Tonnen zur Energiegewinnung verbrannt und 70 Millionen Tonnen deponiert. Circa 80 Millionen Tonnen wurden illegal entsorgt.

Der Plastikboom hält an. Es wird geschätzt, dass sich in den nächsten 30 Jahren die Plastikproduktion verdoppeln wird. Wer zum Beispiel durch Dakar, die Hauptstadt des Senegals fährt, sieht, wie durch die Vermüllung Landschaft und Natur zerstört werden. In Deutschland werden 15 Prozent des Plastikmülls wiederverwertet und im klassischen Sinne recycelt. Der überwiegende Teil unseres Plastikmülls wandert in Müllverbrennungsanlagen. Aber immer noch 15 Prozent werden insbesondere nach Malaysia, Indonesien oder Vietnam exportiert. Ist das akzeptabel? Wäre es nicht besser, wenn Industrieländer ihren Müll selbst verarbeiten und selbst entsorgen? Ein Müllexportstopp von Industrieländern in Entwicklungsländer ist aus meiner Sicht längst überfällig.

Diese Art von Export ist kein gutes Beispiel für internationale Arbeitsteilung. Ich bin in der ghanaischen Millionenmetropole **Accra**, stehe dort in Agbogbloshie auf der größten Elektronikschrottdeponie der Welt – und halte eine deutsche Mikrowelle in der Hand (siehe Bild). Es ist unglaublich. Erst beziehen wir zu relativ niedrigen Preisen Kupfer, Edelmetalle, Coltan, Lithium aus den Minen dieser Länder, produzieren dann daraus unsere Konsumgüter und werfen den ärmeren Ländern am Ende unseren Müll vor die Füße ihrer Kinder. Die wiederum versuchen, auf den Müllhalden der Welt zu überleben. In einer globalisierten Welt des Waren- und Ressourcenaustausches müssen Kreisläufe vom Anfang eines Produktes, dem Abbau und Anbau über die Verarbeitung und Nutzung bis zur Entsorgung nachhaltig und nachvollziehbar gestaltet und verantwortet werden. Ansonsten wird eines Tages die Natur oder vielleicht die betroffenen Menschen zurückschlagen. Die Schäden sind in Teilen der Welt heute schon unerträglich groß. Sieht man das wie ich vor Ort, muss man Alarm schlagen, ansonsten sind meine Dienstreisen und Erfahrungen für Mensch und Natur nutzlos. Auch die Herausforderungen im Bereich Recycling sind lösbar. Wir wissen, was zu tun ist, und müssen (nur) entsprechend handeln.

Seit 1994 hat sich die Menge des privaten Plastikabfalls in Deutschland verdoppelt. Würden alle Menschen weltweit so viel Verpackungsabfall produzieren wie wir, würde die Welt im Plastikabfall untergehen. Schon heute landen laut WWF 500 000 Tonnen Kunststoffabfall jährlich in unseren Meeren. Die Bilder gestrandeter Wale mit Mägen voller Plastik sind erschütternd. Es gibt Alternativen wie zum Beispiel den Einsatz von Rezyklat, also recyceltem Material, in der Verpackungsindustrie. Am besten ist natürlich eine konsequente Vermeidungsstrategie.

Leider läuft der Trend immer noch in die andere Richtung, auch in einem Bereich, für den das zunächst kaum vorstellbar ist.

Die Rede ist vom Klamottenrausch in der Modewelt. 60 Kleidungsstücke kauft der Durchschnittsdeutsche pro Jahr. Bereits nach einem Jahr landen 60 Prozent aller Kleidungsstücke wieder im Müll, auf Deponien oder Müllverbrennungsanlagen und die wenigsten in Secondhandshops. Beim Einkauf machen wir uns oft überhaupt keine Gedanken über die Herkunft und Produktion der Stoffe. Für jedes T-Shirt werden in der Herstellung beispielsweise 2000 bis 3000 Liter Wasser benötigt. Für eine Jeans bis zu 10 000 Liter. Das Bleichen, Färben und Waschen sind hochgradig naturbelastende Vorgänge.

Auf circa 2,5 Prozent der weltweiten Ackerflächen wird Baumwolle angebaut, auf den Baumwollfeldern aber 10 bis 20 Prozent aller weltweit ausgebrachten Pestizide versprüht und Baumwolle macht nur rund ein Viertel der globalen Textilproduktion aus. Zu rund 70 Prozent werden heute Kunstfasern verarbeitet. Synthetisch hergestellte Fasern, zu 80 Prozent Polyester, Polyethylenterephthalat, kurz PET genannt: formstabil, billig, massenhaft verfügbar. Polyester wird aus Erdölprodukten gewonnen, die Klima- und Umweltbilanz ist denkbar schlecht, die langen Molekülketten sind fest und brauchen Jahrhunderte, bis sie in der Natur abgebaut werden. Was übrig bleibt, ist vorwiegend Mikroplastik, das sich wiederum in Gewässern und Böden anreichert. Die Kleider verlieren schon beim Spülgang in der Waschmaschine Tausende von Mikrofasern. Wie viel davon in Flüsse und Meere wandert, entscheidet sich bei der Abwasserreinigung. In Deutschland sind dafür flächendeckend technisch hochgerüstete Abwasserreinigungsanlagen vorhanden. In Asien wird Abwasser bis heute weitestgehend ungeklärt in die Ozeane gespült.

Wissenschaftler gehen davon aus, dass mehr als ein Drittel der in die Ozeane eingetragenen Partikel aus ausgewaschenen synthetischen Textilien resultiert. Auch bei diesem Problemfeld ist es fünf nach zwölf. Wir wissen längst um die Probleme. Jetzt muss entschieden gehandelt werden. Auch hier zeigt sich: Freiwilligkeit hat es schwer. Globale Märkte ohne Regeln gehen meist den Weg der höchsten Rendite zulasten der Umwelt in fernen Ländern. Gesetzliche Regeln, national und international, müssen in globalisierten Märkten auch auf dem Textilsektor für Vorgaben, Regeln, Grenzen und klare Verbote sorgen.

AFRIKA – FASZINATION UND HERAUSFORDERUNG

Marshallplan mit Afrika

- Afrika ist einhundertmal so groß wie Deutschland.
- Aus 20 Millionen Klimaflüchtlingen heute könnten morgen 100 Millionen werden.
- Die politische Zusammenarbeit muss in einem EU-Afrika-Rat institutionalisiert werden.
- In den nächsten zehn Jahren wird in Afrika so viel gebaut werden wie in Europa in den letzten 100 Jahren.
- Sechs der zehn weltweit am schnellsten wachsenden Volkswirtschaften liegen in Afrika.
- 20 Millionen junge Afrikaner drängen jedes Jahr zusätzlich auf den Arbeitsmarkt.
- Die panafrikanische Freihandelszone ist der weltweit größte Wirtschaftsraum.
- Es ist möglich, in den kommenden zehn Jahren ein Afrika ohne Hunger zu schaffen.
- Afrika ist mit einem Durchschnittsalter von 20 Jahren der jüngste Kontinent der Erde.

Der afrikanische Kontinent ist Faszination und Herausforderung zugleich. Afrika ist kein Land, sondern der Kontinent vor unserer Haustür, einhundertmal so groß wie Deutschland, größer als die USA, China, Indien und der größte Teil Europas zusammen. Von Kairo bis Kapstadt sind es acht Flugstunden. Ich bin immer wieder erstaunt, wie gering Kenntnis und Erfahrung deutscher oder auch europäischer Politiker, aber auch die der Spitzenvertreter der Wirtschaft in Bezug auf den afrikanischen Kontinent sind. Auf der anderen Seite treffe ich auf Menschen, die ihr Herz an Afrika verloren haben. Die Fröhlichkeit und der Rhythmus der Länder, die Begeisterungsfähigkeit der Jugend, die Vielfalt der Kulturen, die überwältigenden Landschaften und die Tierwelt – dies alles hat der Kontinent in fast schon überdimensionaler Ausprägung. Wir finden die fürchterlichsten Flüchtlingscamps vor, Despoten und Diktaturen, aber auch Aufbruch, Entwicklung und Erfolg – Himmel und Hölle zugleich.

Man höre und staune: Sechs der zehn am schnellsten wachsenden Volkswirtschaften befinden sich in Afrika, wobei die Zahlen relativiert werden durch ein erhebliches Bevölkerungswachstum und eine niedrige Bezugsbasis. Afrika ist reich an Bodenschätzen. Fast 90 Prozent der weltweiten Vorkommen an mineralischen Rohstoffen, beispielsweise Gold, Platin, Kobalt und Coltan, liegen in afrikanischen Böden. Die Chinesen haben dies längst erkannt, wie mir unter anderem in einer Kupfermine in Sambia deutlich wurde. Kämen die afrikanischen Länder heute auf die Idee, in einen Ressourcenstreik gegenüber Europa oder Deutschland zu treten, würde kein Band in Wolfsburg oder Ingolstadt mehr laufen. Die deutsche Automobilproduktion wäre ebenso lahmgelegt wie unsere Hightechindustrie. Lithium, Coltan, Kobalt sind beispielsweise eine unverzichtbare Grundlage für die Produktion von Handys und Computern, aber auch für die Entwicklung von Elektroautos.

Wie sollen Elektroautos fahren, Handys oder Computer funktionieren ohne Kobalt, Coltan, Lithium, Kupfer aus den afrikanischen Minen? In Afrika liegt der Schlüssel auch für unsere Zukunft. Die Chinesen haben dies längst erkannt. Bei einem erhellenden Gespräch mit dem neuen kongolesischen Staatspräsidenten Tshisekedi fiel es mir wie

Schuppen von den Augen, als er sagte: »Ihr Europäer habt uns zu lange vernachlässigt. Andere«, er meinte die Chinesen, »haben diese Chance genutzt und sich überall eingekauft.« In der Tat: 60 Milliarden Dollar chinesischer Investitionen in Afrika in wenigen Jahren stehen nur zehn Milliarden Dollar Investitionen aus Europa gegenüber.

Europa und Afrika verbindet eine gemeinsame Geschichte. Die Kolonialzeit sollten wir nicht verdrängen, sondern gemeinsam aufarbeiten und daran anknüpfen. Diese Vergangenheit ist Verpflichtung und Chance. Die Europäer und ganz besonders Deutschland werden als Vorbildnationen wahrgenommen. Nicht allein wirtschaftlich, sondern auch kulturell. Wir haben eine geschichtliche und eine humanitäre Verpflichtung in afrikanischen Ländern. Weil Afrika aber auch potenziell der wirtschaftliche Wachstumskontinent der Zukunft ist, bedarf es einer neuen Partnerschaft für Entwicklung, Frieden und Zukunft zwischen Afrika und Europa. Wir sollten das Angebot der afrikanischen Staaten annehmen. Die 14 Kilometer, die Europa und Afrika an der Meerenge von Gibraltar trennen, sollten wir vielfältig überwinden, immer neue Brücken bauen und Zukunft gemeinsam gestalten. Es gibt für Europa kein wirksameres Zukunftsprogramm als eine enge Partnerschaft mit Afrika.

Afrika steht vor gewaltigen Herausforderungen: Die Bevölkerung wächst in rasantem Tempo, 600 Millionen Menschen leben heute noch ohne Strom, die Folgen des Klimawandels wirken sich hier am härtesten aus. Die dramatischen Auswirkungen der Erderwärmung haben in Kenia, Somalia, Sambia und in der Sahelregion zu verheerenden Dürrekatastrophen geführt. Viehherden verenden, wodurch die Lebensgrundlage ganzer Völker zunichte gemacht wird. Der Tschadsee, ehemals Afrikas größter Binnensee, ist nahezu ausgetrocknet. Nicht die Afrikaner, sondern wir, die wohlhabenden Länder, stehen hier in der Verantwortung. Die Menschen in der Region sind gezwungen, ihre Heimat zu verlassen. Aus 20 Millionen Klimaflüchtlingen heute könnten morgen 100 Millionen Klimaflüchtlinge werden. Da Energie überall die Grundlage für Entwicklung auf allen Gebieten ist, sollte eine enge Kooperation zwischen Europa und Afrika auf diesem Sektor der Auftakt sein, um eine neue Qualität der Zusammenarbeit zwischen Europa und Afrika zu etablieren. Schon in absehbarer Zeit sollte es zu einem neuen Zukunftsvertrag, einem Jahrhundertvertrag, einer neuen Partnerschaft zwischen Europa und Afrika kommen mit den Schwerpunkten Klima-, Handels- und Migrationspolitik. Auch braucht es mutige Schritte hin zu einer neuen institutionellen Ordnung der Zusammenarbeit beider Kontinente.

Die Afrikanische Union orientiert sich in ihrem Zusammenschluss an der Europäischen Union. Jetzt ist der Zeitpunkt gekommen, durch einen EU-Afrika-Rat die politische und wirtschaftliche Kooperation noch viel stärker zu institutionalisieren. Afrika braucht eine Telefonnummer in Brüssel und einen Afrika-Koordinator der EU statt der Vielzuständigkeit in der EU-Kommission. Der EU-Haushalt muss auf die neuen Jahrhundertherausforderungen ausgerichtet werden. Notwendig ist eine Investitions- und Innovationsoffensive Europas in und mit Afrika. Die derzeitige EU-Haushaltsstruktur wird dem in keiner Weise gerecht: 60 Milliarden Euro für die Stützung der europäischen Agrarstrukturen und die vergleichbar geringe Summe von sechs Milliarden Euro für den Aufbau der Energie- und Wirtschaftskooperation sind nur schnell versiegende Tropfen. »Think big« ist an dieser Stelle geboten, neben öffentlichen Geldern bedarf es neuer Anlageprodukte und eines Investmentplans zur Mobilisierung von Privatkapital.

Der Wachstumskontinent Afrika muss allein schon aufgrund seiner jugendlichen Dynamik als Chancenkontinent mit unserer Wirtschaft und Industrie verknüpft werden. Dies umso mehr angesichts zunehmend protektionistischer Tendenzen in den USA und China. Afrika verfügt über das erforderliche Potenzial. Es steht da, wo China noch vor einigen Jahrzehnten stand – also vor erheblichen Entwicklungserfordernissen, aber auch Chancen. Die Zahl der tangierten Menschen wird noch viel größer sein als in China. Allein in den nächsten zehn Jahren wird auf dem Kontinent so viel gebaut werden wie in Europa in den letzten 100 Jahren. Ich habe die größte Spannbrücke der Welt in **Maputo (Mosambik)** gesehen. Finanziert von Chinesen, aber konstruiert vom deutschen Ingenieurbüro Gauff. Dies zeigt eine neue Form möglicher Kooperation mit chinesischen Investoren.

Vergleichbar erfolgreich entwickeln sich die Wirtschaftsbeziehungen mit den nordafrikanischen Staaten wie zum Beispiel Ägypten. Allein in den letzten fünf Jahren sind durch deutsche Investitionen in Tunesien und Marokko 60 000 Arbeitsplätze entstanden, eine Win-win-Situation für alle Beteiligten. Ich vergleiche die Situation mit der Osterweiterung der Europäischen Union vor 30 Jahren. Nordafrika und Ägypten haben ein enormes Arbeitskräftepotenzial und Millionen von ehrgeizigen jungen Menschen. Es gibt zahlreiche deutsche Firmen wie van Laack, Marshall, Herrenknecht, die das längst begriffen haben. Siemens ist es gelungen, binnen zwei Jahren drei der größten Gaskraftwerke der Welt in Ägypten zu bauen und dort 40 Prozent der Stromversorgung zu sichern. Ähnliche Aufträge warten in anderen afrikanischen Ländern. Wir haben die Technologie und das Wissen, Afrika zum grünen Kontinent der erneuerbaren Energien zu machen und nachhaltige Lösungen für die Steigerung der Produktivität in der Landwirtschaft anzubieten, und sind mit unserem Berufsbildungskonzept überall willkommen.

Da uns insbesondere der Mittelmeerraum geschichtlich und kulturell eng mit Afrika verbindet, sollte sich das in einer politischen Initiative zur weiteren Öffnung der Europäischen Union niederschlagen. Die nordafrikanischen Länder müssen schrittweise vollen Zugang zum europäischen Binnenmarkt erhalten. Es ist paradox, dass zum Beispiel Tunesien und Marokko durch Quoten und Zölle beim Export von Südfrüchten eingeschränkt sind, wir aber umgekehrt Gelder in Entwicklungszusammenarbeit investieren, um Arbeitsplätze vor Ort zu schaffen. Der verstärkte und offene Marktzugang afrikanischer Produkte auf den EU-Binnenmarkt schafft Chancen für beide Seiten und muss Teil einer gesamteuropäischen Wirtschafts- und Investitionsstrategie sein. Dazu gehört die Verbesserung unserer Handelsbeziehungen mit fairen Lieferketten.

Der afrikanische Kontinent wurde über Jahrhunderte ausgebeutet. Dies muss ein Ende haben. Die Rohstoffe aus afrikanischen Minen müssen nach fairen Standards gefördert werden. Faire Standards, das heißt existenzsichernde Löhne für die Arbeiter vor Ort und die Einhaltung ökologischer Mindeststandards in der Produktion. Fairer Handel ist der wichtigste Weg zur Entwicklung des Kontinents, zur Schaffung von Arbeitsplätzen und einer vielversprechenden Zukunft für die Jugend Afrikas. 20 Millionen junge Menschen drängen jedes Jahr zusätzlich auf den afrikanischen Arbeitsmarkt. Eine Verdoppelung der Bevölkerung bis 2050 heißt, dass nahezu zwei Milliarden Babys bis dahin geboren werden. Der Kontinent schreit nach Ernährung, Energie und Jobs. Gemeinsam können wir diese Herausforderungen in eine Win-win-Situation verwandeln. Gelingt dies nicht, so wage ich nicht, an die Konsequenzen zu denken. Hunger, Elend und Not sind die Hauptursache für Flucht und Migration.

Beim fairen Handel müssen wir Ernst machen. Es ist unbegreiflich, dass heute noch Hunderttausende von Kindern beispielsweise auf den Kaffee- und Kakaoplantagen Westafrikas für unseren Wohlstand in Europa schuften, ohne von der Arbeit angemessen leben zu können. Es sind 50 Sklaven pro Kopf, so ergibt eine Untersuchung der Regensburger Universität, die für unseren Wohlstand arbeiten. Grundlage dafür sind unter anderem eine Externalisierung der Kosten durch Niedrigstlöhne und die Ausbeutung, ja Plünderung der Natur Afrikas für unseren Wohlstand. Plünderung ist unmoralisch und höchstverwerflich.

Ich war auf afrikanischen Kaffee-, Kakao- und Baumwollplantagen. Im Preis für ein Kilo Kaffee, das bei uns für zehn Euro verkauft wird, ist lediglich ein Anteil von 50 Cent für die Rohbohnen enthalten. Daraus ergeben sich Sklavenlöhne für die Arbeiter auf den Plantagen. Die Folge davon ist, dass die Eltern ihre Kinder zur Arbeit zwingen müssen, das heißt: keine Schule, keine Ausbildung, keine Perspektive – also keine Zukunft für Afrikas Jugend. Um das zu ändern, müssen faire Löhne in den Lieferketten von Afrika nach Europa Standard werden. Das deutsche Textilbündnis zeigt, dass die Lieferketten gestaltet werden können und ökologische und soziale Grundstandards umsetzbar sind.

Die Staaten Afrikas haben sich mit der Afrikanischen Union eine politische Organisation gegeben. Mit der beschlossenen Panafrikanischen Union entsteht die derzeit weltweit größte Handelszone, so etwas wie der europäische Binnenmarkt 1987. Die Agenda 2063 der Afrikanischen Union weist den Weg. Wir knüpfen mit dem Marshallplan mit Afrika an diese Agenda an und unterstützen besonders reformorientierte Länder Afrikas in ihren Anstrengungen zur Sicherung der Zukunft. Mit sechs Staaten haben wir zwischenzeitlich sogenannte Reformpartnerschaften abgeschlossen. Es sind die westafrikanischen Länder Elfenbeinküste, Ghana, Senegal sowie Marokko, Tunesien und Äthiopien.

Voraussetzung für eine Reformpartnerschaft mit Deutschland sind die Verpflichtung zur Bekämpfung von Korruption, das Bekenntnis zu Rechtsstaatlichkeit, die Einhaltung der Menschenrechte und Demokratie. Die sechs genannten Länder haben auf diesem Weg erstaunliche Fortschritte gemacht, die im sogenannten Doing-Business-Index der Weltbank klar nachweisbar sind: Die Korruption sinkt, die Steuereinnahmen steigen und die Wirtschaft wächst. Ein Teil dieser Länder schlägt dabei bereits die osteuropäischen neuen EU-Mitgliedstaaten. Wir unterstützen diesen Weg mit dem Aufbau von Rechnungshöfen, transparenten Finanzstrukturen und der Implementierung moderner Hightech-Software in den Verwaltungen. Den Reformpartnerländern bieten wir eine privilegierte Partnerschaft beim Aufbau der Landwirtschaft und bei der Steigerung ihrer Produktivität, zur Förderung der beruflichen Bildung und beim Aufbau einer wirksamen und nachhaltigen Energieinfrastruktur an. In den nächsten zehn Jahren ist es möglich, ein Afrika ohne Hunger und ein Afrika mit Zugang zu Strom und Elektrizität für große Teile des Kontinents umzusetzen. Natürlich sind dafür gewaltige Investitionen notwendig. Und deshalb sollte das Marshallplan-Konzept jetzt zur Grundlage eines neuen Jahrhundertvertrages zur partnerschaftlichen Zusammenarbeit zwischen Europa und Afrika werden. Diese Partnerschaft bietet enorme Chancen für beide Seiten, nicht nur für die Energie- und Bauwirtschaft, die Landwirtschaft und Agrartechnik, auch für unsere Automobilwirtschaft und den Maschinenbau.

Schätzungsweise 300 Millionen Autos und Nutzfahrzeuge, so die Prognose, werden in den nächsten zehn Jahren in den Märkten in Indien und Afrika bestellt werden. Wo ist das passende Angebot der deutschen Hersteller? Koreanische und japanische Modelle bestimmen die Märkte. VW hat die Chancen mit dem Aufbau einer Produktion in Ruanda als Erster verstanden, aber wo bleiben Audi, Daimler und MAN? Afrika primär als Markt für unsere ausgemusterten Gebrauchtfahrzeuge zu sehen ist nicht der klügste Weg.

Auch beim Aufbau des digitalen Afrikas sollte Europa unterstützend dabei sein. Amazon, Google, Apple, Facebook, Alibaba, Baider, Tencent – die amerikanischen und die chinesischen Konzerne vernetzen den afrikanischen Kontinent und bestimmen damit letztendlich auch die Strukturen vor Ort und die neuen Konsummuster. Die Sorge vor einer digitalen Kolonialisierung geht um. Wer bestimmt, beherrscht und überwacht die Digitalstrukturen, die digitalen Medien und Netze?

Neue Kommunikationstechniken katapultieren die Länder Afrikas ins Zeitalter der Informationstechnik und künstlichen Intelligenz, der Kontinent wird zum Reallabor für neue Technologien. In vielen Ländern bauen beispielsweise heimische Start-ups Drohnenproduktionen und Lieferdienste auf. Gemessen an der Zahl der Staaten und der Bevölkerung entsteht auf dem Kontinent derzeit der weltgrößte Absatzmarkt. Die Konsumkraft steigt schneller als in allen anderen Weltregionen.

Voraussichtlich wird schon 2030 bereits ein Fünftel der Konsumenten weltweit in Afrika wohnen, wo also – bisher kaum so betrachtet – eine neue Mittelschicht heranwächst. Schon im Jahr 2030 sollen 580 Millionen Afrikaner mehr als 22 Dollar am Tag verdienen und damit der afrikanischen Mittelklasse angehören. Die Infrastruktur verbessert sich in vielen Ländern. Es werden Häfen, Flughäfen, Verkehrsinfrastruktur aufgebaut. Demokratische Strukturen festigen sich in immer mehr Ländern Afrikas. Friedliche Machtwechsel an den Wahlurnen werden zwischenzeitlich zur Regel. Europa ist der natürliche Partner für die Entwicklung nachhaltiger Strukturen auf unserem Nachbarkontinent.

Was ist jetzt zu tun? Die Zusammenarbeit mit Afrika muss auf alle politischen Bereiche ausgeweitet werden. Ich denke dabei besonders an die Handels-, Agrar-, Umwelt-, Klima-, Ressourcen-, Migrations-, Außen- und Sicherheitspolitik. Der »Compact with Africa« ist dabei nur ein erster Baustein.

Dies alles aber wird nur Erfolg haben, wenn wir die Fremdheit überwinden. Fremdheit zwischen Menschen, zwischen Politikern, in Kultur, Geschichte und gelebter Realität. Wer Afrika aus der Presse oder von Kriegs- und Krisenberichterstattungen im Fernsehen kennt und wahrnimmt, wird den Kontinent nicht verstehen lernen. Ein nigerianischer Bischof hat mir zum Beispiel in einem Gespräch in Abuja erklärt: »Sprechen Sie nicht von Nigeria als Staat. Dieses Land teilt sich auf in mindestens 300 Sprachen, Ethnien, Religionen. Verstehen Sie dieses Land nicht als geschichtlich, kulturell über Jahrhunderte oder Jahrtausende hinweg gewachsene Nation.«

1884 wurde auf der sogenannten Berliner Konferenz unter Teilnahme der USA, des Osmanischen Reichs und europäischer Mächte der afrikanische Kontinent in Kolonialgebiete aufgeteilt. Die Grenzen wurden vielfach mit dem Lineal gezogen, ohne Rücksicht auf bestehende Stammesgebiete, Kultur- und Religionsräume. Die Zeit der Sklaverei und die Kolonialzeit haben den Kontinent geprägt. Erst vor 60 Jahren wurden die letzten Kolonien in ihre Selbstständigkeit entlassen. Bis dahin herrschte überwiegend Unterdrückung und Ausbeutung. Ein kongolesischer Minister sagte mir einmal, dass es bis 1960 nur fünf Kongolesen mit akademischem Abschluss gab. Bildung, Ausbildung wurde den Menschen nur sehr begrenzt zuteil, zum Beispiel in Missionsschulen. Angesichts dieser Ausgangslage haben der Kontinent und seine Menschen eine enorme Aufholentwicklung hinter sich.

Die Dynamik der afrikanischen Jugend ist mitreißend. Afrika ist mit einem Durchschnittsalter von 20 Jahren mit Abstand der jüngste Kontinent. Die Bevölkerungsdynamik ist eine große Chance, aber auch eine riesige Herausforderung. Nigeria, mit heute 180 Millionen Einwohnern, wird bis zum Jahr 2050 auf 350 Millionen Einwohner anwachsen und dann das drittgrößte Land der Erde sein. Äthiopien und Ägypten werden ebenso auf 200 bis 250 Millionen Einwohner anwachsen.

Die Lösung der Ernährungs-, Energie- und Arbeitsplatzfrage ist die Schicksalsfrage für die Menschen und Staaten in Afrika. Antworten auf diese Herausforderungen zu finden hat auch für uns in Europa eine enorme Bedeutung. Denn das Schicksal Europas ist eng verbunden mit dem Schicksal Afrikas.

Dies ist keine neue Erkenntnis. 2004 hat Bundespräsident a. D. Horst Köhler bei seiner Antrittsrede im Deutschen Bundestag dies zum Thema gemacht, als er ausführte: »Für mich entscheidet sich die Menschlichkeit unserer Welt am Schicksal Afrikas. Ist es nicht eine Frage der Selbstachtung Europas, sich mit Blick auf unsere eigenen Fundamente, unsere Werte und Geschichte in Afrika ehrlich und großzügig zu engagieren?« Es ist noch nicht zu spät und für Europa eine große Chance, mit einer neuen Partnerschaft mit dem afrikanischen Kontinent auch strategisch eine ganz neue Bedeutung zu gewinnen.

Die Medien zeigen von Afrika besonders gerne die Bilder von Katastrophen, Hunger, Kriegen und Not. Man kann dort in der Tat Himmel und Hölle begegnen. Ich habe 42 afrikanische Länder besucht und dabei gelernt, differenziert über diesen Kontinent zu urteilen, der 20-mal so groß wie Europa ist und alles bietet, was unseren Planeten so einmalig macht: die Menschen, die Kulturen, die Religionen, eine pulsierende junge Generation, fantastische Landschaften, eine begeisternde Tier- und Naturwelt.

Aber es gibt sie eben noch, die dunklen Seiten, und eine der dunkelsten habe ich im **Tschad** gesehen. In der Hauptstadt N'Djamena gibt es ein Krankenhaus, das eher den Eindruck einer Slumhütte vermittelt. Frauen und Kinder liegen auf dem Boden. Mein Besuch fiel in die heißeste Jahreszeit mit 42 Grad Hitze. Stickig ist es, und ich sehe extrem unterernährte und apathische Säuglinge in den Betten und auf dem Boden liegen. Plastikschläuche in der Nase, eng an die Mütter geschmiegt. Die Leiterin des Krankenhauses, Emilienne Soubeiga, ist Ordensschwester, sie sieht alle Menschen als Kinder Gottes. Ihr Glaube ist für sie eine starke Motivation zu helfen, das imponiert mir. Unterstützung vom Staat bekommt das Haus nicht. Die Ärzte, Pfleger und Krankenschwestern leben von Spenden und internationaler Unterstützung. Eine Stunde später der Kontrast dazu, der nicht größer sein könnte. Ich werde im Palast von Präsident Idriss Déby empfangen, einem in Frankreich ausgebildeten Kampfpiloten. Schon auf der Fahrt zum Regierungssitz kommen wir an einer gewaltigen Baustelle vorbei. Hier entsteht zu meinem großen Erstaunen ein neuer Präsidentenpalast. Meine Delegation darf eine Stunde auf die Audienz warten, die in einem großen Saal stattfinden soll, auf dessen weiß getünchten Wänden goldfarbene Bänder verlaufen: Es ist tatsächlich Blattgold. Dann öffnet sich die Tür, Präsident Déby tritt ein in kobaltblauer Robe. Ich stehe immer noch unter dem Eindruck der soeben erlebten fürchterlichen Zustände und frage ihn, ob er jenes Kinderkrankenhaus jemals besucht habe. Déby verneint und erklärt ungeniert: »Wer hier krank ist, kann ja nach Europa oder in die USA fliegen.« Diese Aussage musste ich erst einmal verarbeiten.

Der Tschad ist eines der ärmsten Länder der Welt. In der Tschadsee-Region findet eine humanitäre Katastrophe statt. Mehr als zwei Millionen Menschen befinden sich dort auf der Flucht vor Terror und den Folgen des Klimawandels. Sie kommen aus dem Sudan, aus Nigeria und der Zentralafrikanischen Republik. Allein der bitterarme

Tschad hat 600 000 Flüchtlinge aufgenommen. Aus europäischer Sicht bietet dessen Militärapparat einen Sicherheitsanker in der Region. Das ist der Spagat, den man in der Politik häufig machen muss. Deutschland unterstützt in der Zusammenarbeit mit NGOs die Bekämpfung von Hunger und Armut vor Ort. Es darf keine Frage schlechter oder guter Regierungsführung und von Korruption sein, ob wir uns direkt um die Menschen kümmern und versuchen, die Ernährungssituation und Wasserversorgung zu verbessern. Hier haben wir eine unmittelbare humanitäre Verpflichtung.

Vom Flughafen N'Djamena aus geht es nach Accra, der ghanaischen Hauptstadt. **Ghana** ist von der Natur reich gesegnet mit Bodenschätzen wie Diamanten und Bauxit und besitzt gute Bedingungen für die Landwirtschaft. Das Land produziert Kakao, Kaffee, Kautschuk, aber auch Ananas, Tabak und Baumwolle. Dies alles natürlich auch für deutsche Supermärkte. Die Bauern können dreimal im Jahr ernten. Die Republik Ghana gehört zu den Reformpartnern in unserem Marshallplan mit Afrika. Sie ist eines der Aufsteigerländer mit knapp 10 Prozent Wirtschaftswachstum, rückgängiger Korruption und guter Regierungsführung. Staatspräsident Nana Addo Dankwa Akufo-Addo hat seiner Regierung und seinem Land ein vielversprechendes Motto gegeben: »Ghana beyond aid« – Ghana jenseits von Hilfe. Ziel unserer Entwicklungszusammenarbeit ist es, dass sich afrikanische Länder selbst versorgen und selbst finanzieren können.

Aber auch in Ghana gibt es nach wie vor fürchterliche Orte. Mitten in der Hauptstadt befindet sich die größte Elektroschrottdeponie Afrikas, nämlich Agbogbloshie. Dabei kommen mir sofort die apokalyptischen Bilder in den Sinn von riesigen Flammen und Rauchschwaden, die von zahllosen brennenden Autoreifen aufsteigen, mit denen der Elektroschrott abgefackelt wird! Aus den Überresten der Feuer holen junge Männer die wertvollen Metalle heraus, etwa Kupfer oder Gold aus Computer- und Handyleiterplatten. Das Gold wird ausgelöst mit giftigen Chemikalien, die anschließend unbehandelt in nahe gelegene Gewässer fließen. Grundwasser und Böden sind restlos verseucht.

In und um Agbogbloshie arbeiten und leben 60 000 bis 80 000 Menschen. Es ist die Hölle auf Erden, in der zwischen 10 000 und 15 000 Kinder und Jugendliche ihr Dasein als Schrottsammler und Agenten fristen. Sie haben keine andere Wahl, wenn sie überleben wollen. Wir ziehen Gummistiefel an und waten durch den Dreck. Tatsächlich entdecke ich einen Mikrowellenherd und eine ausgeschlachtete Waschmaschine aus Deutschland. Kann es wirklich sein, dass wir unseren Schrott per Container in diese Länder schicken und dort Kinder unter solch unwürdigen, gefährlichen Verhältnissen unsere Geräte ausschlachten? Afrikanische Länder dürfen aus meiner Sicht weder beim Elektroschrott noch bei Plastikabfällen zur Müllhalde Europas werden.

Ich bin zum zweiten Mal hier und froh darüber, dass wir mithilfe der Deutschen Gesellschaft für Internationale Zusammenarbeit (GIZ) eine Recyclingwerkstatt mitten in der Schrotthalde aufgebaut haben. Ziel ist es, dass bis zu 5000 Jugendliche professionell mit den Techniken der Entsorgungswirtschaft und des Recyclings vertraut gemacht werden. Wir geben den jungen Menschen Ausbildung und Arbeitsplatz. Die Dankbarkeit entlädt sich in Jubel, als ich den mit dürftigen Mitteln ausgestatteten Sportplatz mit den Kindern einweihe. Licht und Schatten wechseln sich in jedem dieser Länder ab.

Vielerorts in Afrika herrscht heute Aufbruchsstimmung – zu spüren ganz besonders in **Äthiopien**. Afrikas jüngster Staatschef, der Friedensnobelpreisträger Abiy Ahmed, hat seit seinem Amtsantritt im April 2018 große Veränderungen bewirkt. Den Krieg mit Eritrea hat er beendet und einen atemberaubenden Reformprozess, der seinesgleichen sucht, eingeleitet. Nicht nur wirtschaftlich, sondern auch politisch spielt das Land in Ostafrika eine wichtige Rolle. Als eines von sechs Reformpartnerländern investieren wir dort besonders stark in die Modernisierung der Landwirtschaft, in den Aufbau beruflicher Bildungsstrukturen und in die Energieversorgung. Äthiopien ist mit heute 110 Millionen Menschen nach Nigeria das bevölkerungsreichste Land Afrikas. Abiy Ahmed zeigt mir ein Jahr nach meinem ersten Besuch im Jahr 2018, als wir auf der Baustelle seines Regierungssitzes noch zwischen Maurerkübeln und Baustoffen saßen, ein Hightech-Verwaltungsgebäude modernster Art. Er will damit ein Signal des Aufbruchs in das Land senden und ganz gezielt auch den digitalen Wandel für die Entwicklung des Landes nutzen. In Afrika haben heute mehr Menschen Zugang zu einem Mobiltelefon als zu Elektrizität oder guter Sanitärversorgung. Über 700 Millionen Handys, davon 350 Millionen Smartphones, haben bis in das letzte abgelegene Dorf hinein eine Revolution ausgelöst. Bis 2025, so die Zielstellung, kann die mobile Internetnutzung in Afrika auf über 50 Prozent ansteigen, was rund 600 Millionen Nutzern entspräche.

An der Spitze dieser Entwicklung liegt **Ruanda**. Präsident Kagame hat Kigali bereits heute zu einem Zentrum für Digitalwirtschaft in Afrika gemacht. Viele Banken, Finanz- und Versicherungsdienstleister sind hier präsent. Kigali, so ist die Vision, soll das Singapur Afrikas werden. Unter den Aufsteigerländern rangiert Ruanda ganz vorne und hat damit nach dem vorangegangenen Genozid im Land eine sensationelle Entwicklung eingeschlagen. Es sind tatsächlich zwei Wunder in diesem Land zu verzeichnen: ein Wunder der Versöhnung und ein Wirtschaftswunder. Die Digitalisierung ist hier angekommen.

Zusammen mit der ruandischen Regierung investieren wir in den Aufbau von Digitalzentren, wir fördern den Einsatz innovativer Schlüsseltechnologien wie 3-D-Druck, künstliche Intelligenz und Blockchain für eine nachhaltige Entwicklung. Neue digitale Handelsplattformen und die von uns initiierte »Africa Cloud« als Plattform für innovative digitale Wissens- und Lernangebote schaffen ganz neue Perspektiven für die junge Generation. Unsere Reformpartnerländer erweisen sich als ungeheuer aufgeschlossen im Hinblick auf die Umsetzung der Digitalisierung in ihren Ländern: Drohnen in der Landwirtschaft, Fälschungssicherheit und Korruptionsbekämpfung durch Einsatz von Blockchain, effiziente digitale Verwaltungssysteme und natürlich M-Pesa, der sich rasant entwickelnde bargeldlose Zahlungsverkehr über Mobiltelefone. So wird heute die Hälfte des weltweiten Mobil Banking in Afrika abgewickelt. Afrikanische Länder überspringen dabei Banken- und Festnetz und starten direkt im 21. Jahrhundert. Hier wird deutlich, was alles möglich ist. Europa sollte als privilegierter Partner dabei sein.

Der Marshallplan mit Afrika und die Agenda 2063 der Afrikanischen Union sind der Masterplan und geben Antwort auf die anstehenden Herausforderungen. Die Lösung der Ernährungsfrage, eine Welt ohne Hunger, ist dabei ebenso existenziell wie die Klimafrage.

Eine Welt ohne Hunger ist möglich

- Täglich wächst die Weltbevölkerung um knapp 230 000 Menschen, 80 Millionen im Jahr.

- 820 Millionen Menschen leiden weltweit an Hunger, und die Zahlen steigen weiter.

- Bis 2050 ist eine Steigerung der Nahrungsmittelproduktion um mindestens 60 Prozent notwendig.

- Circa 40 Prozent aller Nahrungsmittel gehen zwischen Feld und Teller verloren.

- 90 Prozent der Ackerflächen in Afrika gehören Männern.

- Mit Wissens- und Technologietransfer und den notwendigen Investitionen kann Afrika innerhalb von zehn Jahren zum Selbstversorger werden.

Die Ernährungsfrage ist die Überlebensfrage der Menschheit. Für viele Menschen geht es um Leben und Tod. Gewinnt der Pflug oder gewinnt der Storch? Täglich wächst die Weltbevölkerung um 230 000 Menschen. 2019 bedeutete dies einen Zuwachs von 83 Millionen Menschen, also so viel wie die Bevölkerung Deutschlands.

Die Anzahl der Menschen in Afrika wird sich bis 2050 verdoppeln. Nahezu zwei Milliarden Babys werden in dieser Zeit in Afrika geboren, so die Prognosen. Der Storch ist hochaktiv. Insgesamt werden bis 2050 circa zehn Milliarden Menschen auf der Erde leben.

Acht Zentimeter umfasst der Oberarm des kleinen Kindes auf dem Arm der Mutter, die vor der Essensausgabe in einem Zufluchtsort für Flüchtlinge an der äthiopisch-somalischen Grenze steht. Es sind Klimaflüchtlinge, die hier nur mithilfe des großartigen Einsatzes von UNICEF überleben können. Drei Stunden sind wir mit dem Auto über staubige Wege hierhergefahren und erleben ringsum die Auswirkungen des Klimawandels. Tote Tiere am Straßenrand, Dürre, nichts als Dürre. Angekommen am Ort, erzählen mir die Bewohner, dass es etliche Jahre nicht mehr geregnet hat und weder das Leben der Tiere, der Pflanzen noch der Menschen mehr möglich ist. Auf meine Frage, warum sie nicht in eine fruchtbarere Region Äthiopiens umziehen, machen mir die Frauen klar, dass sie und ihre Vorfahren hier seit Hunderten von Jahren leben. Lieber sterben sie hier, als woanders neu zu beginnen.

Der Hunger hat viele Gesichter und Ursachen: Kriege, Naturkatastrophen, Armut, Klimawandel, Misswirtschaft, Bevölkerungsexplosion. 820 Millionen Mensch leiden weltweit akut an Hunger. Die am stärksten betroffenen Regionen liegen in Süd- und Ostasien und in Afrika. Jeden Tag sterben zwischen 10 000 und 15 000 Kinder an Hunger, Unterernährung und den Folgeerkrankungen.

Hunger ist Mord, denn wir könnten dieses Schicksal abwenden. Wir haben dafür das Wissen, das Können und die Mittel. Der Planet hat das Potenzial, um alle Menschen satt zu machen. Die G7-Staaten haben bei ihrer Tagung in Elmau 2015 ein Versprechen abgegeben: Bis 2030 sollen 500 Millionen Menschen aus absoluter Armut und aus Hunger herausgeführt werden. Notwendig dazu wären nach Berechnungen der internationalen Agrarwissenschaft zusätzliche Investitionen von jährlich 30 Milliarden Dollar bis zum Jahr 2030, Investitionen in Landwirtschaft und ländliche Entwicklung. Die Einlösung des Versprechens lässt auf sich warten. Grotesk ist, dass gleichzeitig die

Zahl der übergewichtigen Menschen weltweit auf zwei Milliarden angewachsen ist. Wir müssen uns dieser Herausforderung auf allen gesellschaftlichen, wirtschaftlichen und politischen Ebenen stellen. Vieles läuft falsch auf der Welt, insbesondere fehlt es an Solidarität. Und die Mechanismen der Märkte lenken die Kräfte häufig in die falsche Richtung. Wer keine Kaufkraft hat, wird auch nicht satt. Die Welt hat heute insofern weniger ein Problem mit der Verfügbarkeit von Nahrung als ein Problem mit der Verteilung der Kaufkraft. Dabei geht es hauptsächlich um die Ärmsten, deren Kaufkraft nicht einmal ausreicht, um satt zu werden.

Eine wachsende Bevölkerungszahl und ein verändertes Ernährungsverhalten als Folge von mehr Wohlstand für deutlich mehr Menschen erfordern bis 2050 eine Steigerung der Nahrungsmittelproduktion um mindestens 60 Prozent. Dieser Steigerung stehen gleichzeitig der Verlust an Boden, der Engpass verfügbarer Wasserressourcen und die Auswirkungen des Klimawandels entgegen.

Die Bodenverluste sind dramatisch. Einerseits erfordert mehr Wohlstand für mehr Menschen enorme Flächen für neue Häuser, Infrastrukturen etc. Gleichzeitig sind wir Zeugen einer rasanten Verwüstung von guten landwirtschaftlich nutzbaren Böden. Alle drei Jahre geht weltweit in etwa eine Fläche von der Größe Deutschlands für eine landwirtschaftliche Nutzung verloren. Seit 1970 hat sich so die Ackerfläche pro Kopf der Weltbevölkerung auf heute 1800 Quadratmeter halbiert. Durch den Klimawandel verschärft sich die Situation. Die Bodenqualität nimmt ab, gleichzeitig wird Wasser zu einer immer knapperen Ressource. Der weltweite Wasserverbrauch stieg in den letzten 100 Jahren auf das Zehnfache an, wobei 70 Prozent der Süßwasserressourcen in die Landwirtschaft gehen.

Wie groß die Herausforderung in Teilen Afrikas ist, wird an **Ägypten** besonders deutlich. Das Land lebt förmlich vom Nil. Der Strom bringt mehr als 90 Prozent des verfügbaren Wassers. Wissenschaftler streiten sich darum, ob der Amazonas oder der Nil der längste Fluss der

Welt ist. Bei meinem Besuch in Khartum stand ich am Zusammenfluss des Blauen und des Weißen Nils. Der weiße Nil entspringt dem Victoriasee in Uganda, der Blaue Nil im Tanasee im äthiopischen Hochland. Beide fließen in Khartum zusammen. Im Oberlauf in Äthiopien wird derzeit eines der größten Staudammprojekte der Erde vollendet. 6000 Megawatt aus 16 Turbinen soll das neue Kraftwerk einmal liefern, in etwa so viel wie fünf Atomkraftwerke. Im Sudan und in Ägypten löst dies große Sorgen aus. Das Land hängt fast ausschließlich vom Nil als einziger Wasserressource ab. Schon heute verfügen die Ägypter mit 600 Kubikmetern pro Einwohner im Jahr über nur ein Drittel des Frischwassers pro Einwohner, wie dies in Deutschland der Fall ist. Das Nilwasser ist nicht nur die Lebensgrundlage für die wachsende Bevölkerung Ägyptens, sondern auch Basis für Bewässerungslandwirtschaft und Stromerzeugung. Boden und Wasser sind die endlichen Ressourcen und die entscheidende Grundlage für die Ernährung der wachsenden Weltbevölkerung. Schon jetzt zeichnen sich Auseinandersetzungen und Kriege um die verbleibenden Potenziale ab. Dennoch steht für Wissenschaft und Fachleute fest, dass eine Welt ohne Hunger möglich ist.

Wir wissen, was zu tun ist, und haben auch die Technologien. Aber wir tun auch hier viel zu wenig. Laut Welternährungsorganisation (FAO) wurden 2018 weltweit 2,1 Milliarden Tonnen Getreide geerntet. Diese Produktion würde ausreichen, um zehn Milliarden Menschen zu ernähren. Allerdings nur unter zwei Bedingungen: weniger Fleischproduktion und weniger Verluste. Es gehen immer noch unglaubliche 40 bis 50 Prozent aller Nahrungsmittel zwischen Feld und Teller verloren. In Afrika liegen die Nacherenteverluste bei Getreide bei 50 Prozent. Wenn man über Land fährt und die Getreide-, Hirse- oder Reislagerung auf offenem Feld sieht, weiß man, dass die Verluste gigantisch sein müssen. Wie einfach wäre es, mit Silos oder Trocknungsanlagen den Befall durch Schädlinge und die Ernteverluste weitgehend zu verhindern. Es sind keine komplizierten Antworten, die gefunden werden müssen. Bei Obst, Gemüse und Fisch liegen die Verluste zum Teil auch bei über 50 Prozent. Frauen stehen am Wegesrand, um Mangos, die in ihren Körben liegen, zu verkaufen. Die Früchte sind nach zwei Tagen nicht mehr zu genießen. Auch hierauf gibt es eine kluge Antwort.

In einem Vorort von Nairobi hat ein afrikanischer Unternehmer mit Unterstützung der deutschen Entwicklungszusammenarbeit eine hochmoderne Mango-Fabrik – zehn Millionen Dollar Investitionssumme – aufgebaut. Ausgerüstet mit modernsten Technologien aus Regensburg werden dort Mangofrüchte zu Saft und Joghurt verarbeitet. Circa 80 000 Familien haben langfristige Lieferverträge mit garantierten Abnahmepreisen. Das schafft Sicherheit und Zukunft in den Dörfern und motiviert zur Leistungs- und Produktivitätssteigerung. Im Gespräch überzeugte mich die Investorenfamilie, dass sie in zehn Jahren die ausgereichten Kredite zurückzahlen wird. Weitere Produktionsstätten sind geplant und erste Abnahmeverträge für den europäischen Markt abgeschlossen. Solche Erfolgsmodelle können und müssen verhundertfacht werden. Durch Investitionen und den Aufbau fairer Lieferketten für die Bauern zur Versorgung der wachsenden städtischen Ballungsräume, aber auch europäischer Märkte.

Hunger ist auch und in erster Linie eine Frage von Armut. 80 Prozent der Hungernden sind arme Kleinbäuerinnen und Kleinbauern. 500 Millionen Kleinbauern weltweit produzieren mehr als 80 Prozent der Nahrung, die in Entwicklungsländern konsumiert wird. Häufig ist die Produktivität dieser Betriebe zu niedrig. So liegt der Ertrag afrikanischer Getreideproduzenten bei 0,5 bis 1,5 Tonnen pro Hektar. Auf vergleichbaren Flächen werden in Deutschland fünf bis acht Tonnen produziert. Neben Investitionen und fairen Preisen brauchen afrikanische Bäuerinnen und Bauern zunächst einmal Sicherheit, entscheidend hierfür ist die Klärung der Eigentumsverhältnisse.

90 Prozent der Ackerflächen in Afrika gehören, soweit sie in Privatbesitz sind, Männern. Hier sind wir bei einem für Afrika besonders sensiblen Thema angelangt. Frauen muss zukünftig die gleichberech-

tigte Teilhabe an Besitz und Zugang zu Geldmarkt und Ausbildung ermöglicht werden. Jeder, der Afrikas Realität einigermaßen kennt, weiß, dass die Stärkung und Gleichberechtigung der Frau einer der entscheidenden Schlüsselfaktoren für eine erfolgreiche Zukunft dieses Kontinents sein wird.

Ich bin auf einem Bauernhof aufgewachsen und habe durch meinen Vater eine umfassende praktische Ausbildung erhalten. Wir hatten einen kombinierten Milch- und Ackerbaubetrieb. Die Erzeugung von Milch, die Weiterverarbeitung, aber auch der Anbau von Kartoffeln, Getreide und Mais, alle Schritte dieser Kette sind mir bis heute vertraut. Bei einem Besuch unseres Agrarzentrums in Togo musste ich deshalb schmunzeln, als mir der Betriebsleiter seine Spitzenkuh zeigte und sichtlich stolz war auf 1800 Liter Milchproduktion pro Jahr. Ich wollte ihn nicht enttäuschen und habe ihm deshalb nicht erzählt, dass ich aus dem Allgäu komme und dort die durchschnittliche Milchleistung bei 8000 Litern pro Kuh und Jahr liegt. Die Landwirtschaft in Deutschland hat in den vergangenen 40 Jahren gewaltige Produktivitätsfortschritte gemacht.

Meinen elterlichen Hof bewirtschaftet seit 1982 meine Schwester mit ihrem Mann. Heute, fast 40 Jahre später, hat sich der durchschnittliche Hektarertrag etwa bei Weizen oder Kartoffeln nahezu verdreifacht. Und dies ist möglich ohne Gentechnik, ohne Bewässerung, nur mit professioneller Bodenbearbeitung, gutem Saatgut, Dünger und natürlich dem Wissen um die landwirtschaftlichen Zusammenhänge. Es wird deshalb darauf ankommen, insbesondere in die Ausbildung der Bäuerinnen und Bauern in Afrika zu investieren. Im Zeitalter der Digitalisierung und des Zugangs zu Direktinformationen muss es in Afrika nicht 40 Jahre dauern, um die Produktivität zu verdoppeln oder zu verdreifachen.

Afrikanische Länder wie Ghana oder ganz besonders Äthiopien gehen in dieser Entwicklung voraus. Der neue Ministerpräsident und Friedensnobelpreisträger Abiy Ahmed hat mir bei meinem Besuch unlängst sein Konzept erläutert. Er setzt auf Privatisierung des Landbesitzes, feste Eigentumsstrukturen, volle Gleichberechtigung für Frauen und Investitionen in den Aufbau von Ausbildungsstrukturen und eine angepasste Mechanisierung. Abiy Ahmed setzt darüber hinaus auf den Aufbau von Genossenschaften und neue Formen der Zusammenarbeit, insbesondere in den kleinbäuerlichen Strukturen seines Landes. Wir unterstützen diesen mutigen Weg in Äthiopien, denn schafft es Äthiopien, so können es auch andere afrikanische Länder schaffen.

Der Klimawandel stellt die Landwirtschaft in Afrika vor riesige Herausforderungen. Das sieht man beispielhaft in Äthiopien. Wird es zu einem globalen Temperaturanstieg von zwei Grad und mehr kommen, bedeutet dies Produktivitätsrückgänge beispielsweise bei Getreide um circa 20 Prozent und bei Kaffee um bis zu 50 Prozent. Die Landwirtschaft und die Bevölkerung gerade in Afrika sind deshalb schon heute Leidtragende des Klimawandels, der ganz wesentlich von uns in Europa und in den Industrieländern ausgeht und mittlerweile durch China und andere Länder weiter verschärft wird. Es ist deshalb wichtig, die afrikanische Landwirtschaft bei der Anpassung an den Klimawandel zu unterstützen, und dies heißt: Investitionen in Züchtungsforschung für trockenresistente Pflanzen, Aufbau eines regionalen Wassermanagements, Bau von effizienten Bewässerungssystemen, Anlage von Terrassen, Waldschutz und Aufforstungen.

Die Entwaldung muss gestoppt werden. Heute nutzen noch rund 2,7 Milliarden Menschen Holzenergie zum Heizen, Kochen und für die Stromproduktion und tragen damit zur Reduzierung der Waldfläche mit massiven negativen Folgen für das regionale und das Weltklima bei.

Neben der Sicherstellung der Ernährung ist die Frage der Energieversorgung aus meiner Sicht die zweite Schicksalsfrage der Menschheit. Im Interesse der ganzen Welt müssen Möglichkeiten gefunden und gemeinsam finanziert werden, damit Afrika und Indien den Weg in die Zukunft nicht auf der Basis von Entwaldung und Nutzung von fossilen Brennstoffen gehen.

Afrika kann, soll und muss mit unserem Wissen und mit moderner Technologie zum Kontinent der erneuerbaren Energien werden. Davon können auch ländliche Regionen profitieren. Wir setzen mit einem Bioenergieprogramm zum Aufbau dezentraler Energiestrukturen an. Zwei Drittel der ländlichen Haushalte sind heute noch ohne Stromversorgung, und Elektrizität ist die Voraussetzung für Entwicklung, und das nicht nur in der Landwirtschaft. Sie sichert Zugang zu Bildung und ist eine wichtige Voraussetzung für den Aufbau von Verarbeitungs- und Vermarktungsstrukturen. Klar ist, was dafür erforderlich wäre. Unklar ist die Finanzierungsfrage. Und wie immer geht es um Gewinner und Verlierer und Gestaltungsmacht.

Wir leben in einem globalen Dorf, und das wird nicht nur beim Klimaschutz, sondern auch bei der Ernährungsfrage deutlich. Durch die Globalisierung sind die Lebensbedingungen für die Menschen heute weltweit miteinander verknüpft. Wer hat schon einmal darüber nachgedacht, dass 60 Prozent der Landfläche, die benötigt wird, um die europäische Nachfrage und Produktion von Ertragsgütern zu decken, heute außerhalb von Europa liegen. In erster Linie geht es dabei um den Anbau von Futtermitteln zur Fleischproduktion. Ohne die riesigen Sojaimporte aus Argentinien und Brasilien wäre unser heutiges Fleischproduktionsniveau in Europa nicht möglich. In China ist die Lage ähnlich. Fast 80 Prozent der globalen Entwaldung sind heute auf die Ausbreitung landwirtschaftlicher Flächen zurückzuführen. Für den Anbau von Agrarrohstoffen wie Palmöl und Soja wird jedes Jahr eine Waldfläche von der Größe Serbiens gerodet. Die EU importiert ein Drittel aller global gehandelten Agrargüter. Für deren Anbau müssen wieder neue Wälder gerodet werden – in Brasilien, im Amazonasgebiet und ebenso in Indonesien.

Eine zentrale politische Herausforderung liegt für mich darin, die Brandrodung der Regenwaldgebiete für die Produktion von Soja und

Palmöl für den Export nach Europa zu stoppen. Notwendig ist eine lückenlose Zertifizierung dieser Produktionen, um sicherzustellen, dass Palmölproduktionen und Sojaeinfuhren nicht auf der Basis von Brandrodung von wertvollen Regenwaldgebieten erfolgen. Auch die soziale Bilanz des Imports tropischer Agrargüter ist bedenklich.

Die Landwirtschaft, Bäuerinnen und Bauern, sichern die Ernährungsgrundlage der Menschheit, und in der Stärkung der Strukturen in den Entwicklungsländern liegt ein entscheidender Schlüssel für die Bekämpfung von Armut und Hunger. Durch Technologie- und Wissenstransfer setzen wir in der deutschen Entwicklungspolitik einen Schwerpunkt im Aufbau einer nachhaltigen landwirtschaftlichen Entwicklung in unseren Partnerländern.

Das heißt, der Schlüssel für eine gelingende Landwirtschaft in den Entwicklungsländern liegt in der Bioökonomie, ausgehend von den Gegebenheiten einer meist kleinstrukturierten Subsistenzwirtschaft. Wachstum muss ökologisch angepasst erfolgen, und die lokale und regionale Struktur, das Land, die Bodengegebenheiten und vor allem auch die Wasserressourcen müssen berücksichtigt werden. So ist es heute möglich, mit Saatgutveredelung ohne Gentechnik meist eine Verdreifachung der Erträge in kurzer Zeit zu erreichen. Wir zeigen dies exemplarisch vor Ort in unseren Grünen Zentren, zum Beispiel in Burkina Faso. Nach einem weltweiten Screening führten wir dort eine neue Reissorte ein und erzielten eine Produktivitätssteigerung von 2,5 auf 4,2 Tonnen pro Hektar. Für mich ist das nicht erstaunlich. Interessant ist aber, dass in von Frauen geleiteten Betrieben sogar ein Ertrag von fünf Tonnen pro Hektar möglich ist, also 230 Prozent mehr Einkommen im Reisanbau. Bei Sesam erzielten wir eine Verdreifachung der Erlöse.

Bei der Milchleistung sind ähnliche Erfolgsgeschichten möglich. So liegt heute die Durchschnittsmilchleistung in afrikanischen Ländern bei circa 2000 Litern. Auch hier kann durch Ausbildung der Bäuerinnen und Bauern und durch Züchtungserfolge die Milchleistung in wenigen Jahren verdoppelt werden. Wir wollen Subsistenzlandwirte unterstützen, Genossenschaftskooperationen etablieren und knüpfen dabei an die Erfahrungen in Europa und Deutschland vor 150 Jahren an: gemeinsam einkaufen, Kosten senken, eine angepasste Mechanisierung umsetzen und Verarbeitungsstrukturen aufbauen.

Eine Welt ohne Hunger ist möglich. Die Potenziale sind vorhanden, und dazu gehört die Vermeidung von Ernteverlusten, die bei bis zu 50 Prozent liegen. Dies wäre zu erreichen durch Lagerung des Erntegutes in Silos und nicht wie bisher auf den Feldern. Dazu könnte die Trocknung der Ernte mit einfachen mechanischen Geräten erfolgen.

Die Landwirtschaft muss in vielen Entwicklungsländern von den Herrschenden in Staat und Gesellschaft stärker unterstützt werden. Investitionen in die Elektrifizierung der ländlichen Regionen sind notwendig. Ohne Elektrifizierung keine Mechanisierung und auch keine Kühlkette. Neben der Steigerung der Produktivität gibt es in den Entwicklungs- und Schwellenländern gewaltige Landressourcen nicht bewirtschafteter landwirtschaftlicher Flächen, die ebenfalls aktiviert werden können. In Afrika wird das alles erforderlich sein, um eine Bevölkerung, die sich in 30 Jahren verdoppeln wird, zu ernähren. Afrika kann und muss Selbstversorger werden. Heute gelingt das übrigens nicht. Afrika importiert pro Jahr Nahrung für etwa 30 Milliarden Dollar. Dafür müssen knappe Devisen aufgewandt werden, die dringend an anderer Stelle erforderlich wären.

Wir sollten und dürfen die Kleinbäuerinnen und -bauern nicht in den Kreislauf der Intensivierung und Ausbeutung ihrer Böden und der Natur vor Ort treiben. Das Wirtschaften muss im Einklang mit der Natur erfolgen. Die Digitalisierung schafft hier auch für die Landwirtschaft in den Entwicklungsländern neue Möglichkeiten, zum Beispiel der Bodenuntersuchung, des gezielten Einsatzes von Dünger, aber auch des Zugangs zu städtischen Märkten.

Die gute fachliche Praxis, wie sie auch in Deutschland über Jahrhunderte ausgeübt wurde, setzt auf Fruchtfolgen gegen Schädlingsbefall. Wir haben bei mir zu Hause niemals fünf Jahre Mais auf derselben Fläche angebaut, sondern mit Fruchtfolgen gearbeitet und damit auch den Schädlingsbefall verhindert und den Erhalt der Bodenkrume sichergestellt. Ich bin erstaunt und entsetzt über das, was ich auf den Sojafeldern in Brasilien und Argentinien gesehen habe. Bauern erzählen mir, dass sie seit 15 Jahren Soja in Monokultur anbauen. Sogenanntes GV-Soja (gentechnisch verändertes Soja), das in Verbindung mit einem hochintensiven Einsatz von Pestiziden und Glyphosat zur Bekämpfung von Unkraut und Pflanzen aller Art angebaut wird. Ich mache den Bäuerinnen und Bauern dort keinen Vorwurf. Dieselbe Ausgangssituation wie in Deutschland liegt auch in diesen Ländern vor. Die Ernteerträge müssen massiv gesteigert werden, da die Erzeugerpreise über die Weltmärkte niedrig gehalten werden und die Bäuerinnen und Bauern sonst kein Auskommen haben. Eine Perspektive für eine nachhaltige Landwirtschaft für die Zukunft der Welt ist das aber nicht. Bei uns und in der Weltagrarwirtschaft muss die Wertschöpfung wieder stärker an die vorhandenen Flächen und das Bodeneigentum gebunden werden.

Bodeneigentum sollte gerade in Entwicklungsländern beim Besitzer vor Ort bleiben. Eine Bodenreform, der Aufbau von Katastern und Eigentumsstrukturen sind entscheidende Schlüssel für den Erfolg. Ganz besonders müssen Frauen gleichberechtigte Teilhabe und Zugang zu Kleinkrediten erhalten. Mit Sorge beobachte ich das zunehmende Landgrabbing in afrikanischen Staaten durch ausländische Investoren. Der Boden, das Wasser, die Produkte werden dabei oftmals zu einem wertvollen Gut für Spekulanten, oft aus anderen Teilen der Welt. Die lokalen Bauern werden gleichzeitig behindert oder verdrängt.

In der Stärkung der Landwirtschaft der Bäuerinnen und Bauern vor Ort liegt der Schlüssel für die Bekämpfung von Hunger und Armut und der Ansatz für eine erfolgreiche Entwicklung. Von entscheidendem Einfluss sind dabei die dramatischen Folgen des Klimawandels vor allem in afrikanischen Staaten.

KLIMASCHUTZ – BEDROHUNG UND CHANCE

Klimaschutz – eine Überlebensfrage der Menschheit, besonders in Afrika

- China trägt 27 Prozent zum weltweiten CO_2 Ausstoß bei – Deutschland 2 Prozent.

- Sollte in den nächsten 20 Jahren jeder Haushalt in Afrika und Indien Zugang zu einer Steckdose auf der Basis von Kohle erhalten, bedeutet dies circa 1000 Kohlekraftwerke.

- 2017 entstanden durch dramatische Wetterkatastrophen global Schäden in Höhe von 320 Milliarden US-Dollar.

- In den Permafrostgebieten der Erde werden zwischen 1300 und 1600 Gigatonnen Kohlenstoff gespeichert.

- Afrika muss der grüne Kontinent der erneuerbaren Energien und nicht der schwarze Kontinent der Kohle werden.

Der Klimaschutz ist eine Überlebensfrage der Menschheit. Die Grundfrage, mit der wir konfrontiert sind, ist die folgende: Lassen sich industrielles Wirtschaftswachstum und CO_2-Emissionen entkoppeln?

Denn Wirtschaft und Wohlstand brauchen Energie. Und die ist bisher weit überwiegend fossil. Das erzeugt die CO_2-Emissionen und damit das Klimaproblem. Die Dynamik der Erhöhung der CO_2-Emissionen liegt in den Entwicklungs- und Schwellenländern. Diese vertreten den nachvollziehbaren Standpunkt, dass sie noch lange ihre Emissionen (pro Kopf) erhöhen dürfen, weil wir das ja auch über lange Zeit und teilweise bis heute so gemacht haben.

Die harte internationale Debatte um mehr Klima- und Umweltschutz gipfelte schon 1972 bei der Weltumweltkonferenz in Stockholm in einer aufsehenerregenden Rede der damals jungen indischen Ministerpräsidentin Indira Gandhi. Sie bestand für die ärmeren Länder auf dem Primat der wirtschaftlichen Entwicklung, der dem Umweltschutz voranzustellen sei. China ist diesen Weg in den vergangenen Jahrzehnten konsequent gegangen, war damit wirtschaftlich sehr erfolgreich und hat Hunderte Millionen Menschen aus der Armut geholt. Aber der ökologische Preis ist hoch. Zwischenzeitlich ist China mit einem Anteil von 27 Prozent am weltweiten CO_2-Ausstoß der Hauptemittent – mehr CO_2-Emissionen als die USA, Europa und Japan zusammen verursachen. Indira Gandhi hat nicht zu Unrecht darauf hingewiesen, dass der Wohlstand der reichen Länder im 19. und 20. Jahrhundert auf wenig umwelt- und klimafreundliche Weise entstanden ist. In der Tat sind historisch betrachtet die Hauptverantwortlichen für den Klimawandel die Industrieländer. Heute liegen die Entwicklungs- und Schwellenländer an der Spitze der klimaschädlichen Emissionen – unter anderem auch aufgrund der sehr großen Bevölkerung.

Bei meinem Gespräch mit dem indischen Energieminister machte mir dieser unmissverständlich klar, dass er um die rauchenden Schlote im Ruhrgebiet – den Einsatz von Kohle, Erdöl und Erdgas – als Basis des deutschen Wirtschaftswunders sehr wohl weiß. Indien liege unter zwei Tonnen CO_2 pro Kopf im Vergleich zu Deutschland mit mehr als zehn Tonnen. Er könne es nicht akzeptieren, dass Deutschland, Europa und die westlichen Industrieländer nun darauf drängten, in Indien auf preiswerte Kohle und auf reichlich vorhandenes Öl als Basis der Energieversorgung und des wirtschaftlichen Aufschwungs auf dem Kontinent zu verzichten. Es sei denn, so fügte er hinzu, wir würden eine entsprechende Alternative finanzieren.

In der Tat habe ich bei meinem Besuch eine Solarpartnerschaft zwischen Deutschland und Indien auf den Weg gebracht und dem Minister symbolisch für seinen Schreibtisch ein solarbetriebenes Windrad geschenkt. Die Frage ist aber, ob und wie klimaneutrales Wirtschaftswachstum nicht nur in Deutschland, sondern in den Schwellen- und Entwicklungsländern in Afrika, Indien und Asien möglich ist. Die Kosten werden jedenfalls erheblich sein. Wir können das nicht allein aus dem deutschen Entwicklungsetat bezahlen. Selbst wenn er verdoppelt oder verdreifacht würde.

Blicken wir auf den afrikanischen Kontinent. Afrikas CO_2-Emissionen sind mit circa einer Milliarde Tonnen vergleichsweise niedrig. Dabei ist zu beachten, dass allein auf Südafrika 350 Millionen Tonnen (massiver Kohleeinsatz, auch zur Produktion von Benzin) und auf Nigeria (durch massive Erdgasverbrennung) 100 Millionen Tonnen entfallen. Doch dies wird nicht so bleiben. Ein mögliches Szenario zeichnet sich ab. Indien und Afrika werden bis 2050 zusammen auf circa vier Milliarden Menschen anwachsen. Sollte sich, bedingt durch eine steigende wirtschaftliche Entwicklung, die diesen Staaten nicht zu verwehren ist, ein Anstieg auf durchschnittlich 3,5 Tonnen CO_2 pro Kopf ergeben, würde dies einen Zuwachs von zehn Milliarden Tonnen CO_2 entsprechen, in etwa dem dreifachen Emissionspotenzial der heutigen EU. Unsere deutschen Einsparziele bis 2050 würden nicht einmal einem Fünfundzwanzigstel des Zuwachses in Indien und Afrika entsprechen. Nach allem, was wir wissen, ist dieses Szenario derzeit realistisch. Erhebungen zeigen, dass weltweit die derzeit 120 größten Unternehmen im Sektor Kohle insgesamt 945 Projekte an über 450 Standorten planen. Weder China noch Indien und auch nicht die afrikanischen Staaten planen einen kurzfristigen Ausstieg oder Verzicht auf Kohle und Öl als Basis der Energieproduktion für eine wachsende Bevölkerung und wachsende Wirtschaft. Und die USA tun dies genauso wenig.

Die Beispiele zeigen, dass wir mit dem Pariser Vertrag noch längst nicht am Ende der Klimadebatte angekommen sind. Es muss entschieden mehr passieren als das, was im Pariser Klimaabkommen vereinbart werden konnte. Ganz klar ist, dass wir als Industrieländer mit hohen Pro-Kopf-Emissionen ehrgeizig vorangehen und die Vorgaben des Klimaabkommens einhalten müssen. Wie schwierig allein das schon ist, zeigt die Debatte um die Umsetzung des deutschen Klimaschutzgesetzes in den einzelnen Sektoren.

Aber es muss noch viel mehr passieren. Wir müssen Lösungskonzepte international auf den Weg bringen. Allein um das 1,5-Grad-Ziel zu erreichen, müssten die weltweiten Emissionen bis 2030 um 45 Prozent gegenüber 2010 sinken. Ohne einschneidende Maßnahmen in China, Indien und auf dem afrikanischen Kontinent ist dies nicht zu erreichen. Notwendig sind in jedem Fall massive Investitionen in den Aufbau erneuerbarer Energien in Afrika, Indien und den Schwellenländern. Aber wer soll das bezahlen? Allen voran muss Afrika der grüne Kontinent erneuerbarer Energien, der Nutzung der Sonne, des Wassers und der Biomasse werden.

Aktuell aber haben mehr als 600 Millionen Menschen in Afrika keinen Zugang zu Strom. Dies ist ein massives Defizit in Bezug auf die Umsetzung der Menschenrechte. Ein massiver Ausbau der Kapazitäten ist geplant und unter Aspekten der Menschenwürde auch geboten. Sollte in den nächsten 20 Jahren jeder Haushalt in Afrika und Indien Zugang zu einer Steckdose und damit Anschluss an Elektrizität erhalten, bedeutet dies auf der Basis von Kohle circa 1000 neue Kohlekraftwerke.

Der beeindruckende wirtschaftliche und zugleich sehr ressourcenintensive Aufschwung, der China gelang, ist für viele ärmere Staaten, insbesondere auch in Afrika, ein Vorbild. Dieser Aufschwung ist aber klimaverträglich nicht möglich – so wenig wie in China. Dabei dürfen wir nicht nur auf den Energiesektor schauen, sondern müssen auch die steigende Mobilität, die Entwicklungen in der Landwirtschaft und die neu entstehende Infrastruktur in indischen und afrikanischen Städten mit in Betracht ziehen. Auch hier kann China nicht das Vorbild sein. In chinesischen Städten wurde allein innerhalb der letzten Jahre mehr klimaschädlicher Beton verbaut als in den USA im gesamten 20. Jahrhundert. Auf dem afrikanischen Kontinent wird in den nächsten zehn Jahren so viel gebaut werden wie in ganz Europa in den vergangenen 100 Jahren. Die Beispiele zeigen die enormen Herausforderungen, die sich im Energie- und Klimasektor stellen.

Die Lösung der Energie- und Klimafrage ist deshalb weltweit auf das Engste mit unserem Nachbarkontinent Afrika verbunden. Die Afrikaner sind aufgeschlossen, erwarten aber ganz klar Unterstützung und Investitionen der Industrieländer in ihre Infrastruktur und Energiewirtschaft.

Schon heute sind die Menschen in Afrika die Hauptleidtragenden des Klimawandels. Die Konflikt- und Krisenlage in der Sahelregion geht auch auf die Veränderung des Klimas zurück. Dürre, Hitze, Wasserknappheit führten zu noch mehr Elend, Not und Hunger. Schätzungsweise bis zu 20 Millionen Menschen in der Region haben ihre Existenzgrundlage verloren. Und bis zu 100 Millionen Menschen sind in Subsahara-Afrika, Lateinamerika und Südasien existenziell bedroht, weitere 100 Millionen Menschen in Küsten- und Dürregebieten durch Hitze und Meeresanstieg unmittelbar gefährdet.

Allein 2017 entstanden durch schwerste Wetterkatastrophen global Schäden in Höhe von 320 Milliarden US-Dollar. Als Folge der Erderwärmung zeichnet sich in vielen Regionen eine Verknappung der Wasserversorgung ab. Das Abschmelzen der Gletscher, vor allem in der Himalayaregion, könnte unabsehbare Auswirkungen haben. Konflikte zwischen China, Indien und Pakistan, ebenso zwischen Äthiopien, dem Sudan und Ägypten sind denkbar. Hinzu kommt, dass in den Gletschergebieten des Himalayas, in der Kaschmirregion und auf dem tibetischen Plateau zwölf der größten Flüsse der Erde entspringen, darunter Indus, Ganges, Brahmaputra und Jangtse. Mehr als zwei Milliarden Menschen in Indien, Pakistan, China beziehen ihr Wasser über diese Flüsse.

Auch in **Spitzbergen** wurde ich Zeuge des Abschmelzens von Eispanzern in der Arktis, das als Folge neue Ressourcen verfügbar macht, um die es bereits jetzt heftige Auseinandersetzungen gibt. Eine freie Nord-Ost-Passage für die Schifffahrt könnte die Handelsströme gewaltig verändern und würde neue Gewinner und Verlierer erzeugen. Russland, Mitunterzeichner des Pariser Klimaschutzabkommens, ist aufgrund seiner Größe und Lage dabei ein Hauptakteur.

Russland hat das Pariser Klimaschutzabkommen ratifiziert. Bei meinen Gesprächen im Kreml wurde insbesondere über die Folgen der zunehmenden Erwärmung der Permafrostböden gesprochen. In den Permafrostgebieten der Erde wie der Arktis, Antarktis, aber auch in weiten Teilen Russlands sind zwischen 1300 und 1600 Gigatonnen Kohlenstoff gespeichert. Dies entspricht etwa der 3,7-fachen CO_2-Menge, die bisher von Menschen emittiert wurde, und dem Doppelten des in der gesamten Erdatmosphäre enthaltenen Kohlenstoffs. Bei einem beschleunigten Auftauen dieser Permafrostböden wird ein erheblicher Teil als Treibhausgas Kohlenstoffdioxid freigesetzt.

Der größte Temperaturanstieg von Permafrostböden wurde in Sibirien beobachtet. Das Auftauen der Permafrostböden hat auch bedrohliche Veränderungen der Topografie zur Folge. Dies konnte bereits im Norden Russlands beobachtet werden, als das gefrorene Wasser auftaute, eingeschlossenes Gas entwich und durchlöchertes Erdreich in der Folge unter dem eigenen Gewicht in sich zusammensank. Es bleibt also von globaler Bedeutung, dass Russland sich aktiv an der Umsetzung des Pariser Klimaschutzabkommens beteiligt. Und auch wenn die USA und Präsident Donald Trump aus unerklärlichen Gründen aus dem Klimaschutzabkommen aussteigen, heißt das nicht, dass die Klimathematik im ganzen Land erledigt wäre. Es gibt eine Reihe von Bundesstaaten und Gouverneuren, die genau in die entgegengesetzte Richtung des Präsidenten gehen und verstärkt in Klimaschutzmaßnahmen investieren. Auch sie werden dringend gebraucht.

Paris hat ein wichtiges Zeichen gesetzt. Ende 2015 haben fast 200 Staaten gemeinsame Positionen verabschiedet und das Ziel formuliert, die Erderwärmung im Verhältnis zur vorindustriellen Zeit auf deutlich unter zwei Grad zu halten. Weniger mutig sind allerdings die Zusagen bezüglich nationaler Maßnahmen zur Erreichung des Ziels. Ohne das Pariser Abkommen wären die CO_2-Emissionen weltweit von heute 35 Milliarden Tonnen CO_2 bis 2050 auf dann vielleicht jährliche 60 Milliarden Tonnen CO_2 angewachsen. Das aufaddierte Gesamtvolumen bis 2050 läge dann bei 1600 Milliarden Tonnen. Bei einer konsequenten Umsetzung des Abkommens kommt es zu einer Reduzierung dieses Betrags um etwa 500 Milliarden Tonnen. Dies ist ehrgeizig, aber immer noch viel zu wenig. Für die meisten Wissenschaftler ist klar, dass diese Reduzierung bei weitem nicht ausreichen wird, um das Zwei-Grad-Ziel zu erreichen. Ich möchte an dieser Stelle für Leser mit vertieftem Interesse auf das hochspannende Buch von Franz Josef Radermacher *Der Milliarden-Joker* hinweisen. Die Grafik zeigt sehr eindrucksvoll, wo wir heute stehen und wie die Ver-

PARISER KLIMAABKOMMEN

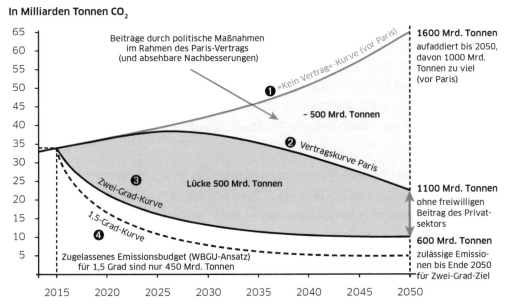

tragskurve nach dem Pariser Abkommen aussieht. Ohne den Pariser Vertag würde das Emissionsvolumen bis 2050, wie schon erwähnt, aufaddiert auf 1600 Milliarden Tonnen ansteigen. Mit dem Paris-Vertrag landet die Welt immer noch bei 1100 Milliarden Tonnen zusätzlich bis 2050. Notwendig, so der Autor und andere Wissenschaftler, ist eine nochmalige zügige Reduktion um 500 Milliarden Tonnen und mehr.

Wie soll das geschehen? Wer soll das bezahlen? Radermacher rechnet mit etwa 500 Milliarden Euro Kosten pro Jahr. Die Staaten allein können das nicht leisten, bleibt also der Privatsektor. Das heißt, für eine über den Paris-Vertrag hinausgehende Vermeidung und Reduktion von CO_2-Emissionen oder alternativ für das Herausholen von CO_2 aus der Atmosphäre muss auf Privatinitiativen und Privatinvestitionen gesetzt werden – zum Beispiel indem punktuell Klimaneutralität erreicht wird oder durch die Nichtnutzung zulässiger CO_2-Volumina und die Förderung internationaler Klimaprojekte. Eine entscheidende Rolle spielt dabei die Finanzierung des Ausbaus erneuerbarer Energien in Entwicklungsländern, aber auch die Erzeugung von Negativemissionen über biologische Maßnahmen. Hierzu gehört die Finanzierung von Aufforstungsprojekten im großen Stil, der Erhalt und Schutz des Regenwaldes, die Finanzierung von Humusbildung in der Landwirtschaft. Investitionen in den Klimaschutz und in Resilienz sind auch ein globales Wachstums- und Entwicklungsprogramm, aber nur dann möglich, wenn auch die Finanzierung bereitgestellt wird. Hier sind wieder die reichen Staaten beziehungsweise der wohlhabende Privatsektor auf der Welt besonders gefordert.

Größte Chancen, auch und gerade für die deutsche Wirtschaft, liegen in einer neuen strategischen Zusammenarbeit mit Afrika und Indien. Die deutsche Wirtschaft könnte einen vollkommen neuen Zukunftsmarkt mit innovativen Energie- und Klimaschutzprojekten erschließen. Afrika bietet zum Beispiel ideale Bedingungen für die Herstellung klimaneutraler Kraftstoffe wie grünen Wasserstoff und Methanol, die wir für die Verkehrs- und Energiewende in Deutschland, aber auch für Afrika selbst dringend benötigen. Wasserstoff kann über die Elektrolyse aus Wasser erzeugt und dann zu Methanol umgewandelt werden. Dazu wird CO_2 in Industrieprozessen (zum Beispiel Stahl- oder Zementproduktion) abgefangen (Carbon Capture and Usage/CCU) und in Gigatonnenmengen regelrecht recycelt. Methanol ist leicht zu transportieren und kann als grünes Benzin für Automobile oder zum Heizen verwendet werden. Für die Herstellung werden jedoch große Mengen an erneuerbaren Energien benötigt. In Deutschland und Europa reichen die Quellen aus Sonne, Wasser und Wind dafür nicht aus, dagegen hat Afrikas Sonne an 365 Tagen im Jahr eine enorme Kraft. Beispielsweise verfügt Ägypten nicht nur über die idealen klimatischen Rahmenbedingungen für Solarstrom und Windenergie, sondern auch über die notwendigen Flächen. Schon heute ist es möglich, dort die Kilowattstunde Strom für zwei Cent Endpreis zu produzieren. In Ägypten unterstützen wir daher den Ausbau erneuerbarer Energien. Aktuell liegt der Anteil dort gerade einmal bei 9 Prozent. Die ägyptische Regierung strebt an, den Anteil an erneuerbaren Energien auf 20 Prozent im Jahre 2022 zu erhöhen. Ein ambitioniertes Ziel. So ist es nicht verwunderlich, dass in kurzer Zeit das größte Solarkraftwerk Afrikas mit rund 32 Quadratkilometern, bebauter Fläche in der Wüste Ägyptens bei Benban entstanden ist. Bei Fertigstellung werden mehr als 7,2 Millionen Solarpanele auf 37 Quadratkilometer Fläche stehen und eine Leistung von 1650 Megawatt Strom erzeugen (siehe Bild).

Für die industrielle Wasserstoffproduktion streben wir ein Industriekonsortium mit deutschen und afrikanischen Unternehmen an. Vor allem Länder in Nordafrika, hier besonders Marokko, bieten sich als Produktionsstandorte an. Mit Marokko haben wir daher vor kurzem eine Forschungsplattform und den Start von Pilotprojekten vereinbart. Dadurch schaffen wir nicht nur Arbeitsplätze in dem nordafrikanischen Land, sondern stärken auch die Technologieführerschaft in Deutschland in diesem wichtigen Themenfeld. Europas Green New

Deal muss ein Deal mit Afrika werden und benötigt eine Investitions- und Technologiepartnerschaft zum Vorteil beider Seiten.

In der marokkanischen Wüste wurde mit deutschem Know-how und deutscher Finanzierung bereits eines der modernsten Solarkraftwerke der Welt gebaut. 1,3 Millionen Menschen werden von dort aus heute bereits mit sauberem Strom versorgt. Und die Produktion von grünem Wasserstoff kann hier anschließen. Damit sich an der industriellen Wasserstoff- und Methanolproduktion auch Mittelständler beteiligen können, erweitern wir jetzt die Förderprogramme zur Markteinführung erneuerbarer Energien in Afrika. Die Europäische Union ist gefordert, diese Aufgabe zu einer Schwerpunktaufgabe ihrer Aktivitäten für das nächste Jahrzehnt zu machen.

Afrika muss der grüne Kontinent der erneuerbaren Energien und nicht der schwarze Kontinent der Kohle werden. Dafür gilt es, in Brüssel die Zeichen auf Grün zu setzen und im kommenden Haushalt von besitzstandswahrenden Subventionen auf Zukunftsinvestitionen umzustellen, Forschung zu grünen Technologien zu stärken und eine umfassende Energiepartnerschaft Europas und Afrikas zu starten, kurz: den Begriff »Chancenkontinent Afrika« mit Leben zu füllen. Deshalb sind die Pläne der neuen EU-Kommissionspräsidentin Ursula von der Leyen richtig, die europäische Investitionsbank in eine neue Klimaschutzbank umzuwandeln und damit massiv in Zukunftstechnologien in Afrika zu investieren. Nur so können wir die notwendigen großen Entwicklungssprünge auslösen, um den globalen Klimaschutz voranzubringen. Neben staatlichen Rahmenbedingungen und Investitionen sind im großen Stil Privatinvestments notwendig. Wir müssen zu Hause sicherlich den Weg der ehrgeizigen Reduktion der Emissionen vorantreiben, aber dabei auch den Grenznutzen im Auge behalten. Gerade in der Energiefrage ist der Aufbau der Wasserstoff- und Methanolproduktion mit der Energieleistung der Sonne Afrikas ein Jahrhundertprojekt mit enormen Win-win-Erträgen für Europa und Afrika.

Wir können und müssen mehr tun – jeder von uns –, als auf staatliche Vorgaben zu warten. Eine wichtige Dimension hierbei ist die Erzeugung von Negativemissionen durch massive Aufforstung, durch den Schutz der Regenwälder und den Mangrovenschutz sowie durch die Förderung der Humusbildung, auch auf semiariden Böden. All dies entzieht der Atmosphäre in großem Umfang CO_2 und verbessert die Klimabilanz. Wir dürfen nicht zuschauen, wie die Regenwälder brennen. Der Amazonasregenwald ist die Lunge des Planeten, der Kongo-Regenwald das grüne Herz Afrikas. Allein die weltweiten Waldbrände verursachen jährlich etwa 11 Prozent der CO_2-Emissionen. Unendliche Schätze gehen verloren im Amazonasgebiet, in Zentralafrika, in Indonesien.

Ich hatte die Gelegenheit, diese großen Regenwaldgebiete zu besuchen. Die Folgen der Globalisierung schlagen hier voll durch. Für die Ausweitung des Sojaanbaus brennen Regenwaldflächen in Brasilien, für neue Palmölplantagen brennt der Regenwald in Indonesien.

Wer denkt beim Haarewaschen daran, dass das Shampoo Palmöl aus diesen Plantagen enthält? Muss das sein? Ich denke, nein. Uns muss es zumindest gelingen, ein Verbot der Einfuhr von Soja und Palmöl aus nicht zertifiziertem Anbau durchzusetzen. Auch hier gilt es, entschlossen zu handeln. Die Europäische Union muss in den Handelsverträgen mit den betroffenen Staaten die vereinbarten Nachhaltigkeitskapitel umsetzen und unter Sanktionen stellen. Die deutsche Schweinemast kann nicht auf der Basis von importiertem Soja erfolgen, der auf den Flächen brandgerodeter Regenwälder in Brasilien produziert wurde.

Ich plädiere in der Landwirtschaft schon lange für die Rückkehr zur bodengebundenen Produktion. Zufüttern ja, aber im Grundsatz muss gelten, dass die Produktion nicht losgelöst von Land und Boden erfolgen soll. Die Ernährung und der Klimaschutz sind Schicksalsfragen der Menschheit und hängen eng miteinander zusammen.

Vor diesem Hintergrund freue ich mich ganz besonders, dass es Privatpersonen, Unternehmer, Kommunalpolitiker und viele Bürger gibt, die mitmachen, ihr Verhalten und den Lebensstil anpassen, auf nachhaltigen Konsum setzen und sich einbringen. Einbringen auch bei der Allianz für Entwicklung und Klima. Menschen wie du und ich, die sich freiwillig durch Einsatz eigener Finanzmittel klimaneutral stellen und dabei einen Mehrfachnutzen bewirken. Zum einen reduzieren sie Emissionen, und zum anderen investieren sie in dringend notwendige Projekte in Entwicklungs- und Schwellenländern. Nicht reden, sondern handeln.

Ich freue mich, dass es mir gelungen ist, das BMZ zum ersten Januar 2020 als erstes deutsches Ministerium klimaneutral zu stellen. Alle im Haus haben mitgezogen, manchmal gegen Widerstände. Wir haben zwei Jahre alle Klimagas-Emissionsquellen analysiert und Emissionen reduziert, soweit es Sinn ergab und zu vertretbaren Kosten möglich war. Natürlich haben wir den Fuhrpark umgestellt, die Heizungen modernisiert, Dienstreisen reduziert, eine neue Abfallbewirtschaftung umgesetzt, die Küche umgestellt, Strom eingespart und vieles mehr. Die verbliebenen Emissionen kompensieren wir durch Investitionen in moderne Solarkocher in Ruanda, in erneuerbare Energien in Afrika, in den Aufbau dezentraler Bioenergiestrukturen und in die Förderung von Nature-based Solutions. Jeder kann einen Beitrag zur Problemlösung erbringen.

Allianz für Entwicklung und Klima – ein Lösungskonzept

- Die Allianz für Entwicklung und Klima ist ein Angebot an Einzelpersonen, Behörden, Kommunen, Unternehmen, sich freiwillig klimaneutral/klimapositiv zu stellen.

- Die reichsten 10 Prozent der Weltbevölkerung verursachen 50 Prozent der CO_2-Emissionen.

- Die ärmere Hälfte der Weltbevölkerung ist zusammen nur für rund 10 Prozent der globalen CO_2-Emissionen verantwortlich.

- Die Vereinbarung zum internationalen Klimafinanzausgleich bedeutet 100 Milliarden Euro Investition der Industrieländer in Klimaschutzmaßnahmen in Entwicklungsländern.

- Bodenschutz ist ebenso wie Mangrovenschutz wirksamer Klimaschutz.

Die Allianz für Entwicklung und Klima ist eine erfolgreiche Initiative, die 2018 in zeitlicher Nähe zur Weltklimakonferenz im polnischen Katowice ins Leben gerufen wurde. Es handelt sich um eine Mitmachallianz und eine Aufforderung an alle nichtstaatlichen Akteure wie Unternehmen, Organisationen und Privatpersonen, sich zu beteiligen an der Förderung weltweiter Entwicklung und am Klimaschutz und selbst ein Zeichen zu setzen. Angestrebt sind Beiträge zur Umsetzung der Agenda 2030, also der Nachhaltigkeitsziele der Vereinten Nationen, und positive Effekte für die Weltklimabilanz. Dies soll über die Förderung hochwertiger Projekte in Entwicklungs- und Schwellenländern geschehen. Interessant sind insbesondere sogenannte Nature-based Solutions wie Aufforstung auf degradierten Böden in den Tropen, Schutzprojekte im Regenwald, Investitionen in erneuerbare Energien. Denn solche Projekte schaffen Jobs, verbessern die Ausbildungs- und Ernährungssituation, schaffen Infrastruktur, schützen die genetische Vielfalt (Biodiversity) und holen viel CO_2 aus der Atmosphäre (sogenannte Negativemissionen). Aber besonders bedeutend ist es, Wirtschaftswachstum in Entwicklungsländern auf der Basis grüner Energie und nicht durch den massiven Einsatz fossiler Brennstoffe zu ermöglichen.

Warum haben wir die Allianz gegründet? Weil es nicht genügt, immer nur auf staatliche Vorgaben zu warten. Jeder kann und sollte handeln. Die internationale Politik hat mit den Pariser Verträgen ehrgeizige Zielsetzungen formuliert, die über die rein staatlichen Seiten kaum umgesetzt werden können. Dafür müsste sehr viel Geld in den Entwicklungs- und Schwellenländern eingesetzt werden. Politisch ist das kaum umsetzbar. Auch zeigen wissenschaftliche Erkenntnisse, dass selbst die Umsetzung aller in Paris zugesagten Maßnahmen bei weitem nicht zur Erreichung des Zwei-Grad-Zieles reichen wird. Prof. Dr. Radermacher zeigt in seinem Buch *Der Milliarden-Joker* auf, dass zusätzlich zu den Paris-Vorgaben bis 2050 etwa 500 Milliarden weitere Tonnen CO_2 eliminiert werden müssen. Das bedeutet: entweder nicht erfolgen dürfen oder wieder der Atmosphäre entnommen werden müssen (Negativemissionen). Es gilt also, den Paris-Vertrag schnell und wirkungsvoll umzusetzen und zusätzlich noch viel mehr zu tun – also darüber hinaus den Privatsektor zu aktivieren, aktiv zu werden, zum Beispiel, sich freiwillig klimaneutral/klimapositiv zu stellen.

Dies ist ein Aufruf und Angebot an Einzelpersonen, Behörden, Unternehmen, Kommunen und einfach alle, die es ernst meinen mit einer Förderung von Entwicklung und einem aktiven Klimaschutz. Die Allianz für Entwicklung und Klima ist ein Bündnis, das dieses freiwillige nichtstaatliche Engagement für Entwicklung und Klimaschutz thematisiert und fördert. Sie mobilisiert zusätzliche Mittel für Maßnahmen, welche die beiden großen Herausforderungen der Zukunft – nachhaltige Entwicklung und Klimaschutz – miteinander verbinden. Dies ist deshalb so wichtig, weil Entwicklung und Klimaschutz oft gegenläufig wirken. Mehr Entwicklung heißt in der Regel mehr CO_2 und mehr Ressourcenverbrauch. Mehr Klimaschutz heißt oft weniger Entwicklung. Und immer wieder stellt sich die Finanzierungsfrage. Die Umsetzung der Nachhaltigkeitsziele durch privat finanzierte Projekte in Entwicklungs- und Schwellenländern ist da sehr hilfreich. Die Mitglieder der Allianz wollen mit ihren Projekten an geeigneten Stellen der Welt mehr CO_2 einsparen oder wieder der Atmosphäre entziehen, als sie selber verursachen (Klimaneutralität/Klimapositivität). Meist werden solche weitgehenden Ziele in einem Mix von Maßnahmen verfolgt, indem einerseits Emissionen vermieden oder reduziert und andererseits weitere Emissionen ausgeglichen (Kompensation) werden. Die Kompensation erfolgt über Projekte in Entwicklungs- und Schwellenländern, die Treibhausgase vermeiden, reduzieren oder binden und die gleichzeitig Entwicklung fördern, also wirtschaftlichen und technologischen Fortschritt voranbringen und die Lebensbedingungen der Menschen vor Ort verbessern. Die erzielte Wirkung muss nachgewiesen werden. Die Projekte werden von unabhängigen Prüfern nach zugrunde gelegten hochwertigen Standards zertifiziert.

Bei den Projekten in den Entwicklungsländern handelt es sich etwa um Aufforstungsprojekte, Schutz des Regenwaldes, Bodenschutz, Humusbildung in der Landwirtschaft, Investitionen in den Aufbau regenerativer Energiesysteme. Durch solche Investitionen wird gerade in den Entwicklungs- und Schwellenländern die Lebenssituation der

Menschen verbessert, es werden verschiedene SDG gefördert, es gibt positive Wirkungen in Richtung einer Verlangsamung des Bevölkerungswachstums, und es wird erheblich dazu beigetragen, CO_2-Ausstoß zu vermeiden und CO_2 zu binden (Negativemissionen).

Interessant ist die Untersuchung der Frage, wer für die globale Erwärmung hauptsächlich verantwortlich ist. Es sind die reichsten 10 Prozent der Weltbevölkerung, die etwa die Hälfte der CO_2-Emissionen verursachen. Hierbei ist aber zu beachten, dass viele dieser Menschen auch aus Entwicklungs- und Schwellenländern kommen. Die ärmere Hälfte der Weltbevölkerung ist zusammen nur für rund 10 Prozent der globalen CO_2-Emissionen verantwortlich. Zu den Top-Emittern, also Personen mit sehr hohen Emissionen, zählen Personen mit hohem Wohlstand und einem großen Aktivitätsspektrum. In Deutschland liegen die Pro-Kopf-Emissionen bei zehn Tonnen. In Frankreich übrigens nur bei fünf Tonnen (unter anderem wegen Nutzung der Atomkraft). Die chinesischen Durchschnittsemissionen sind heute höher als die europäischen, aber niedriger als die deutschen. Sogenannte Top-Emitter, also Menschen mit besonders hohem Lebensstandard, bringen es als Einzelpersonen bis auf 50, 100, 500 Tonnen CO_2. Wir wollen versuchen, alle Top-Emitter zu motivieren, im Sinne des Verursacherprinzips aktiv zu werden und sich klimaneutral, besser noch klimapositiv zu stellen.

Das bisherige Echo auf unsere Initiative ist enorm. Im ersten Jahr haben sich über 500 Partnerunternehmen, Behörden und Privatpersonen in der Allianz verpflichtet, diesen Prozess aktiv zu unterstützen. Neben großen und bekannten Unternehmen wie SAP, Bosch, Kühne + Nagel sind auch viele mittelständische Unternehmen dabei. Ebenso zählen die hessische Landesverwaltung und das Umweltministerium NRW zu unseren Partnern, zunehmend auch Städte und Kommunen, Universitäten, Hochschulen und Schulen, IHKs und große Organisationen. Und schließlich ist mit der TSG Hoffenheim auch ein Fußballclub der Ersten Bundesliga dabei.

Als erstes Ministerium in Deutschland hat sich das Entwicklungsministerium zum 01.01.2020 klimaneutral gestellt. Die Bundesverwaltung hat sich selbst zum Ziel gesetzt, bis 2030 klimaneutral zu werden. Die Zertifizierung des Entwicklungsministeriums (BMZ) hat zwei Jahre in Anspruch genommen. Wir haben uns dabei entschieden, erst zu vermeiden, was immer möglich ist, dann zu verringern und erst dann zu kompensieren. In einem zweijährigen Vorbereitungsprozess wurde eine umfassende Treibhausgasbilanz für das BMZ von einer Arbeitsgruppe nach anspruchsvollen Vorgaben wie der ISO-Norm 14064 zur Treibhausgasbilanzierung und Verifizierung erstellt. Ein unabhängiger Umweltgutachter hat das Vorgehen begleitet und begutachtet. Interessant – und deshalb wird dies hier dargestellt – sind die Ergebnisse. Die größten Emissionsquellen im Ministerium sind die Dienstreisen und dabei insbesondere die Auslandsdienstreisen, die natürlich in einem Entwicklungsministerium bis zu einem gewissen Maße notwendig sind. Zweite Hauptquelle ist die Wärmeversorgung. Dann erst folgten Veranstaltungen, Kantine, Fuhrpark, Papier und viele weitere Einzelpunkte. Auf Basis dieser Erkenntnisse wurden 200 Maßnahmen für ein umfassendes Programm für Vermeidung und Reduktion von Treibhausgasen entwickelt. Dazu gehören ein Drittel weniger Inlandsflüge, die erhebliche Reduzierung der Auslandsdienstreisen und die energetische Sanierung der Liegenschaft.

Die Bundes- und Landesverwaltungen, alle Behörden in Deutschland, die Städte und Kommunen, Krankenhäuser, jedes Unternehmen und alle Privatpersonen können diesen Weg gehen. Das Ziel muss sein, vom öffentlichen Protest und der allgemeinen Kritik zum konkreten Handeln bei sich selbst in seiner eigenen Umgebung zu kommen. Empörung muss zu konkreter Aktion führen.

Von den Dürrekatastrophen in Somalia, der Tschadregion und Namibia habe ich berichtet. 20 Millionen Menschen haben in diesen Regionen bereits jetzt durch den Klimawandel ihre Existenzgrundlage verloren. In Deutschland hatten wir die heißesten und trockensten Jahre seit Wetteraufzeichnung. Es gab Großbrände in Australien und

Kalifornien. Andererseits ist Entwicklung mindestens so wichtig wie Klimaschutz. Hunderte Millionen Mädchen leben auf dieser Welt völlig entrechtet und verarmt. Von Menschenrechten und Menschwürde keine Rede. Hier müssen wir helfen, auch wenn mehr Ressourcendruck und CO_2-Emissionen die Folge sein werden. Spätestens wenn uns Krieg, Terror oder eine Pandemie existenziell bedrohen, verschieben sich ohnehin sofort die Prioritäten. Wir müssen alle Themen gleichzeitig angehen – fast eine Quadratur des Kreises.

Geschockt war ich persönlich, als am 15. März 2019 in Beira, einer der größten Städte **Mosambiks**, der Zyklon »Idai« vom Indischen Ozean kommend über das Land hinwegfegte und schwere Verwüstungen anrichtete. Ein halbes Jahr vorher habe ich mit dem Bürgermeister in Beira die Küstenschutzmaßnahmen besichtigt und das neu gebaute Wasserrückhaltebecken der Stadt bewundert. Deutschland hat dort ein Sperrwerk finanziert, das an der Mündung des Flusses den Wasserzufluss in Richtung offenes Meer reguliert. Genau diese Anlagen haben nunmehr verhindert, dass Beira durch die Flutwellen des Zyklons komplett weggeschwemmt wurde. Der Tidenhub an der Küste von Mosambik beträgt bis zu sieben Meter. Aber jetzt, so erklären mir Experten, kommt erschwerend hinzu, dass sich infolge des Klimawandels die Niederschlagsmengen an der Südostküste Afrikas erheblich verschoben haben. Der Klimawandel führt zu höheren Wassertemperaturen des Indischen Ozeans und zu einem Anwachsen der Flutwellen und Regenmengen. Beira ist eines der Beispiele, die zeigen, wie viele Anstrengungen nötig sind und dass Geld dabei eine zentrale Rolle spielt. Es zeigt gleichzeitig, wie den am stärksten vom Klimawandel betroffenen Regionen durch Anpassungshilfen Überlebensmöglichkeiten gesichert werden können und müssen.

Eine der wichtigsten Anpassungs- und Schutzmaßnahmen im Kampf gegen den Klimawandel ist der Erhalt und Schutz von Mangroven, einer Baumart, die in salzigen Küstengewässern lebt. Ein besserer Küstenschutz als ausgedehnte Mangrovenwälder ist kaum denkbar.

Auch die CO_2-Bindung ist besonders hoch. Leider wurden sehr viele Mangrovenwälder in den letzten Jahrzehnten zerstört. Ich war geschockt, als ich das ungeheure Ausmaß der Ölverseuchung von Tausenden Hektar im Nigerdelta vor Augen hatte. Nigeria ist nach Libyen das ölreichste Land Afrikas. Aus 5000 Bohrquellen und mit 7000 Kilometer Rohrleitungen werden im Nigerdelta pro Tag mehr als zwei Millionen Fass Öl gefördert. Vor Ort sind Shell, Chevron, Exxon Mobil, Total und EMI in Joint Ventures mit dem nigerianischen Staat tätig. Port Harcourt ist die »Ölstadt« an der Südspitze Nigerias, die ich unbedingt besuchen wollte. Im Vorfeld hat mir jeder davon abgeraten, es sei dort zu gefährlich. Die nigerianische Regierung würde einen Besuch nicht begrüßen, und auch von deutscher Seite bekam ich keine Unterstützung. So wandte ich mich an Friends of the Earth, eine mutige NGO im Bereich Umweltschutz, die an der Seite der Fischer und des Ogoni-Volkes seit Jahren für Entschädigungen und Sanierungsprogramme im Nigerdelta kämpft.

Die Region gehört zu den weltweit am stärksten belasteten Gebieten. In den letzten 60 Jahren traten nach Expertenschätzungen insgesamt 200 Millionen Tonnen Rohöl in Böden und Gewässer aus. Lange Zeit ohne Konsequenzen für die verantwortlichen Firmen. Nach vielen Jahren hat sich Shell mit den Bewohnern besonders betroffener Dörfer außergerichtlich auf individuelle Entschädigungen angeblich in Höhe von insgesamt 45 Millionen Euro geeinigt. Die nigerianische Regierung verkündete im Juni 2016 ein Sanierungs- und Reinigungsprogramm für das Nigerdelta im Wert von einer Milliarde US-Dollar. Ich wollte die Lage beurteilen und sehen, was geschehen ist.

Der Leiter von Friends of the Earth hatte ein kleines Motorboot organisiert, und wir fuhren hinaus auf den Niger, um einen Eindruck von der gigantischen Umweltkatastrophe zu bekommen. Man muss es selbst gesehen haben, Tausende Hektar ölverschlammte, abgestorbene Mangroven. Wir fahren zur anderen Seite und sehen im Mangrovenschlamm zehn Arbeiter in Schutzanzügen, angeblich beschäftigt mit Reinigungsarbeiten. Schon taucht ein Schiff der nigerianischen Armee auf und bedeutet uns, den Ort zu verlassen und wieder zurück zur Anlegestelle zu fahren. Es ist offensichtlich kaum etwas in Gang gekommen vom versprochenen Sanierungs- und Reinigungsprogramm. Mein anschließender Besuch bei den Chefs des Ogoni-Volkes bestätigt den Eindruck. Kein Dollar sei in der Region, in ihrer Gemeinschaft und bei den Menschen vor Ort angekommen. Die Böden, das Wasser, die Mangroven – alles verseucht, für immer. Die Ölförderung geht weiter.

Das nigerianische Bauunternehmen Julius Berger baut derzeit eine gewaltige Brücke über den Niger zu einem neuen Verladeterminal. Die Ölmilliarden sprudeln. Die Menschen vor Ort bleiben im Schlick auf verseuchten Böden zurück. Wir alle können und wollen solche Zustände am Anfang der Lieferkette von Öl und Benzin nicht wahrhaben. Wenn wir in Deutschland an die Tankstelle fahren, geht jeder von uns davon aus, dass auch am Anfang der Lieferkette, dort, wo das Öl aus der Erde sprudelt, dies nicht auf der Basis der Ausbeutung von Mensch und Natur erfolgt. Internationale Konzerne müssen ihrer Verantwortung gerecht werden. Wir können und dürfen solche Zustände nicht akzeptieren. In einer Welt der Digitalisierung und Globalisierung können und müssen internationale Lieferketten kontrolliert werden und grundlegende ökologische Standards und Umweltauflagen zur Grundlage der Ölförderung gemacht werden. Die örtliche Bevölkerung muss am wahrhaft sprudelnden Ertrag beteiligt werden. Wir müssen die Regierungen durch internationale Vereinbarungen dazu verpflichten.

In den Mangrovenschutz weltweit fließen Mittel, die die Allianz für Entwicklung und Klima organisiert. Mangroven, die sowohl in Süß- als auch in Salzwasser gedeihen, stellen ein einzigartiges Ökosystem dar. Sie sind einer der größten Sauerstofflieferanten des Planeten und ein natürlicher Partner gegen den Klimawandel. Mangroven binden bis zu fünfmal mehr CO_2 als andere Wälder. Das heißt, die Bindung beträgt bis zu 50 Tonnen pro Hektar und Jahr. Ihre biologische Produktivität ist sogar größer als die von Regenwäldern. Leider ist der Mangrovenbestand weltweit gefährdet. Ein Beispiel ist das Mekong-delta in Vietnam. Schätzungen gehen dahin, dass seit der Mitte des vergangenen Jahrhunderts etwa ein Drittel der weltweiten Mangro-venwälder verloren gegangen sind, zum Beispiel durch die Auswei-tung der Aquakulturen vornehmlich in Asien. Die Weltgemeinschaft muss das Paris-Abkommen umsetzen, CO_2-Ausstoß vermeiden und reduzieren und Anpassungsmaßnahmen in den vom Klimawandel am meisten betroffenen Ländern finanzieren. Bei all diesen Heraus-forderungen müssen sich jeder Einzelne und der Privatsektor massiv engagieren, denn die Industrieländer können die erforderlichen Mit-tel nicht aus ihren Staatshaushalten finanzieren.

Das Pariser Klimaabkommen sieht eine erste Vereinbarung zu einem internationalen Klimafinanzausgleich vor. Versprochen sind 100 Mil-liarden US-Dollar jährlich ab 2020, die von den Industrieländern an die Entwicklungs- und Schwellenländer fließen sollen. Deutschland hat diese Zusage umgesetzt. Mit den Mitteln werden 80 Entwick-lungs- und Schwellenländer von Fidschi bis Mexiko bei der Umsetzung des Pariser Vertrages unterstützt. Finanziert werden Maßnahmen zum Schutz der Regenwälder und Feuchtgebiete, globale Wiederauf-forstung sowie der Schutz der Biodiversität und der Meere. Unterstüt-zung benötigt ganz besonders die Landwirtschaft in den betroffenen Regionen.

Damit die globale Energiewende nicht nur auf dem Papier steht, ar-beitet das BMZ mit rund 70 Partnerländern weltweit an der Transfor-mation der Energiesysteme. Besonders erfolgreich ist dabei das Geberprogramm Energizing Development, mit dem die Bevölkerung auf dem Land Zugang zu Strom aus erneuerbaren Energien und Zu-gang zu moderner, solarbetriebener Kochenergie erhält. Wir wissen in all diesen Bereichen, wie es geht, und können enorme Erfolge bei der Vermeidung und Reduktion von CO_2-Emissionen gerade in Afri-ka und Indien erzielen, wobei Geld aber immer ein zentraler Engpass bleibt. Mit Indien gehen wir den Weg der Solarpartnerschaft. Deutschland unterstützt Afrikas Entwicklung als grüner Kontinent und finanziert die Entwicklung der Geothermie in Ostafrika und der Nutzung der Solarenergie und die Produktion von grünem Methanol in Marokko. Die globale Energiewende muss ganz besonders auf dezentraler Ebene von unten in der Fläche aufgebaut und unterstützt werden. Menschen in Entwicklungs- und Schwellenländern müssen zudem über Versicherungslösungen gegen Klima- und Katastrophenrisiken abgesichert werden. Auch hier ist Deutschland Vorreiter im Aufbau wirkungsvoller Partnerschaften.

Mit der verstärkten Bindung von CO_2 kann die globale Erwärmung verlangsamt werden. Deshalb kommt es darauf an, die Kohlenstoffsenken, unter anderem Ozeane, Wälder, Böden und Mangroven, zu erhalten, wiederherzustellen und möglichst auszuweiten. Böden sind nicht nur die Grundlage für die Landwirtschaft, sondern nach den Ozeanen auch der größte Kohlenstoffspeicher der Erde. Rund 1,5 Milliarden Menschen sind heute von der Degradation der Böden betroffen. Es entstehen hierdurch jährliche wirtschaftliche Schäden von etwa 300 Milliarden US-Dollar. Böden sind durch ihre Fähigkeit, Kohlenstoff langfristig zu binden, für den Klimaschutz unverzichtbar. Böden müssen zu Kohlenstoffsenken werden. Zum Beispiel durch Humusanreicherung und durch das Einbringen von Holz- und Biokohle in die Erde. Übernutzung und Erosion setzen große Mengen Kohlendioxid aus den Böden frei, weshalb heute Bodenschutz und Bodenrehabilitierungsmaßnahmen so zentral wichtig sind. Sie schließen partiell den Kohlenstoffkreislauf und verbessern die Bodenfruchtbarkeit. Letzteres ist ohnehin überfällig, wenn eine wachsende Weltbevölkerung ernährt werden soll. Erneut geht es aber auch an dieser Stelle um Geld. Letztlich müssten die, die CO_2-Emissionen erzeugen, zum Beispiel in Deutschland, diejenigen bezahlen, die zum Beispiel in Afrika das CO_2 wieder aus der Atmosphäre herausholen.

Diese und viele andere Klimaschutzmaßnahmen brauchen neben staatlichen Anstrengungen in großem Umfang private Investitionen. Die Allianz für Entwicklung und Klima kann hier einen maßgeblichen

Beitrag leisten. Ziel ist es, dass aus heute 500 Mitgliedern in fünf Jahren 5000 Mitglieder werden, die insgesamt vielleicht 50 Millionen Tonnen CO_2 aus der Atmosphäre holen. Parallel dazu wird die Allianz im nächsten Schritt auf Europa ausgedehnt werden, wo es um deutlich größere Volumina gehen wird.

Klimaschutz ist auch eine Gerechtigkeitsfrage. Denn das reichste Prozent der Menschheit verursacht allein 14 Prozent der gesamten Emissionen. 10 Prozent sind verantwortlich für 45 Prozent der globalen Klimagasemission. Dazu gehören Menschen in den Industrieländern, aber ebenso Menschen in den Entwicklungs- und Schwellenländern. Heute gibt es eine globale Mittelklasse, der man auf jedem internationalen Flughafen begegnet. Seien es Amerikaner, Chinesen, Japaner, Europäer, Brasilianer. Es stimmt hoffnungsfroh, dass sich immer mehr Wohlhabende dieser Welt für freiwillige CO_2-Kompensation interessieren und einsetzen. Und dass mittlerweile Fluglinien damit beginnen, alle ihre Emissionen zu kompensieren.

Vor kurzem saß ich mit einem großen Bauträger zusammen. Für eine Neubauwohnung in München zahlt man heute pro Quadratmeter zwischen 10 000 und 12 000 Euro. Eine Wohnung mit 100 Quadratmetern kostet somit 1,2 Millionen Euro. Auf meine Frage, ob er sich vorstellen könnte, klimaneutral zu bauen und Investoren und Eigentümern, die eine Million für eine Wohnung ausgeben können, eine Klimakompensation abzuverlangen und die Wohnung klimaneutral zu stellen, reagierte er zunächst erstaunt. Darüber hatte er noch nicht nachgedacht. Aber inzwischen ist diese Idee umgesetzt worden. Klimaneutrales Bauen und Wohnen ist ein realistisches Programm. Mir geht es an dieser wie an anderen Stellen darum, zu sensibilisieren, nicht zu kritisieren. Es geht um die Einsicht, dass jeder mit relativ geringen Mitteln im Rahmen des Verursacherprinzips selbst tätig werden kann. Jeder kann sich klimaneutral, besser noch klimapositiv stellen und durch die richtigen Kompensationsprojekte zusätzlich Gutes für Mensch und Natur in Entwicklungsländern bewirken.

Die meisten Akteure der Allianz für Entwicklung und Klima sind bisher keine Einzelpersonen, sondern Organisationen, Behörden, Unternehmen und immer mehr Städte und Kommunen. Unternehmen geht es neben der Absicht, zur Lösung weltweiter Probleme beizutragen und Verantwortung zu übernehmen, oft auch um die Wirkung auf Kunden, Lieferanten und Mitarbeiter. Kritik und Diskussion um Ablasshandel, Freikauf oder Greenwashing könnten unbegründeter nicht sein. Die freiwillige Klimakompensation steht nicht im Gegensatz zur Verantwortung von Unternehmen im Rahmen staatlicher Vorgaben. Im Gegenteil, die Maßnahmen ergänzen sich. Wir brauchen nämlich dringend weitere Hebel und weitere Akteure im Kampf gegen den vom Menschen verursachten Klimawandel. Noch deutlicher: Freiwillige Investitionen in gute weltweite Projekte zur Verbesserung der Lebenssituation von Menschen und zum Schutz der Natur sowie zur Verbesserung der Weltklimabilanz können grundsätzlich nicht falsch sein. Da sie jenseits bestehender Verpflichtungen erfolgen, können sie auch kein Freikauf oder Ablasshandel sein. Diese Projekte bewirken ja Positives. Wäre es Ablasshandel, müsste man sagen: Schön wäre noch viel mehr Ablasshandel. Und schön wäre es, wenn die, die alles schlechtreden, endlich ihr eigenes Geld in die Hand nähmen und es für aktiven Klimaschutz einsetzen würden.

Klimaschutz – Was kann ich tun?

- Jeder Einzelne, jedes Unternehmen, jede Behörde kann sich klimaneutral stellen. Die Allianz Entwicklung und Klima zeigt, wie es geht.

- Das Prinzip ist, durch Konsum- und Lebensstilveränderung CO_2-Emissionen zu vermeiden, zu reduzieren oder über Projekte zu kompensieren.

- Pioniere zeigen, was möglich ist. Ritter Sport pflanzt Millionen von Bäumen. Apotheken, Schulen stellen sich klimaneutral, investieren in Regenwaldschutz und erneuerbare Energien in Afrika.

Es gibt Firmen und Pioniere, die seit Jahren den aufgezeigten Weg gehen. Ein Beispiel ist die Schokoladenfirma Ritter Sport. Ritter Sport arbeitet schon lange daran, klimaneutral zu werden, 2022 soll das Ziel erreicht sein. Der Schokoladenhersteller betreibt dazu Aufforstung in großem Stil. Zwischen 2014 und 2016 hat das Unternehmen in Mexiko einen Wald mit 250 000 Bäumen gepflanzt. Bis 2028 sollen weitere 750 000 Bäume folgen. Die Pflanzungen erfolgen überwiegend in Zusammenarbeit mit Kakaokooperativen in Nicaragua und Westafrika, und das zusätzlich zu den 1,5 Millionen Kakaobäumen, die auf der eigenen Plantage El Cacao wachsen. In Nicaragua ist seit 2012 mit El Cacao die wohl größte Kakaoplantage der Welt entstanden. Sie erstreckt sich über 25 Quadratkilometer. Auf der Plantage arbeiten etwa 350 Menschen. Der Schokoladenhersteller ist seit 1990 in Nicaragua aktiv und arbeitet dort insbesondere mit Kleinbauern zusammen. Seit ich von diesem Engagement weiß, schmeckt mir Ritter-Sport-Schokolade noch viel besser!

Große Effekte im Umfeld der Allianz haben wir erlebt, als sich Robert Bosch 2020 erstmals klimaneutral gestellt hat. Für ein produzierendes Unternehmen mit 400 000 Mitarbeitern ist das ein sehr großer Schritt, bei dem es um mehrere Millionen Tonnen CO_2 pro Jahr geht. Das Pharmaunternehmen Noventi stellt ab 2020 auf eigene Kosten 19 500 Apotheken klimaneutral – eine sehr große Zahl. Für das Projekt, das »Klimaneutrale Apotheke« heißt, habe ich die Schirmherrschaft übernommen. Meine Hoffnung ist, dass wir in der Allianz mit Noventi noch viel mehr zusammen erreichen werden, allein darüber, dass wir Menschen in den Apotheken über die Allianz aufklären können.

Kühne + Nagel arbeitet als weltweit größter Containerlogistiker daran, alle über das Unternehmen organisierten Containertransporte weltweit in den nächsten Jahren klimaneutral zu stellen. Dies geschieht in enger Zusammenarbeit mit den Kunden, die dafür einen Aufschlag auf den jeweiligen Transport zahlen. Kühne + Nagel organisiert die Kompensationen und setzt vor allem auf hochwertige Projekte vom Typ Nature-based Solutions.

Besonders herausragend war Anfang 2020 die Ankündigung der IT-Firma Microsoft, alle ihre historischen Emissionen seit der Firmengründung 1976 bilanziell zu kompensieren. Und dies nicht nur für das Unternehmen selbst, sondern auch für alle Zulieferer. Zwischenzeitlich hat auch Air France die Kompensation aller innerfranzösischen Flüge und British Airways die Kompensation aller Flüge in Großbritannien angekündigt, auch Easyjet wird alle Flüge weltweit kompensieren. Und schließlich stellt sich die TSG Hoffenheim nicht nur selbst klimaneutral, sondern kompensiert auch die durch die Anreise der

Flüchtlingslager Kutupalong, Cox's Bazar/Bangladesch, Februar 2020. Besuch zusammen mit UNICEF im größten Flüchtlingscamp der Welt. Dort leben über 650 000 aus Myanmar geflüchtete Rohingya, darunter viele Kinder. Insgesamt sind eine Million Rohingya vor Verfolgung und Gewalt in Myanmar nach Bangladesch geflohen.

Kinder in Kibera, einer informellen Siedlung in Nairobi/Kenia, August 2019. Immer mehr riesige Slums entstehen im Umfeld afrikanischer Städte wie hier in Nairobi. In Kibera leben geschätzt 400 000 Menschen ohne Müllbeseitigung, Elektrizität oder befestigte Häuser. Was wird aus diesen Kindern wohl werden, ohne Schule und ohne Arbeit?

Besuch der Textilfabrik Tivoli Apparels Ltd. in Dhaka/Bangladesch, Februar 202
75 Millionen Menschen, vornehmlich Frauen, arbeiten weltweit in der Textilproduktion. Hier in der Textilfabrik Tivoli Apparels in Bangladesch wird bereits nach den Standards des Grünen Knopfes produziert. Das deutsche Textilbündnis und der Grüne Knopf setzen auf nachhaltige Produktionsstandards und haben das Ziel, den Frauen ein existenzsicherndes Einkommen zu gewährleisten

…aatliche Sekundarschule für Mädchen in Abeokuta/Nigeria, Juni 2014.
…it einem Durchschnittsalter von 20 Jahren ist Afrika der Kontinent der Jugend.
…ort wollen die Kinder zur Schule gehen, wollen lernen, um ihre Zukunft zu
…eistern. Insbesondere für Mädchen ist das längst noch nicht selbstverständlich

Gerberei Batu Tannery in Addis Abeba/Äthiopien, Dezember 2019.
So düster wie das Bild ist die Arbeitssituation in einer Gerberei in Äthiopien. Vier Euro beträgt der Preis für das Leder von einem Paar Schuhe. Das bedeutet einen Hungerlohn für die Arbeitskräfte.

Notre-Dame des Apôtres in N'Djamena/Tschad, August 2018.
Die Gesundheitseinrichtung pflegt und versorgt unterernährte Kinder. Weltweit sterben täglich bis zu 15 000 Kinder an Hunger, Mangelernährung und wegen fehlender Medikamente zur Behandlung von Erkrankungen wie Cholera.

Flüchtlingslager Kutupalong, Cox's Bazar/Bangladesch, Februar 2020.
Es geht um ihre Zukunft. Über 50 Prozent der Flüchtlinge weltweit sind Kinder. Kinder brauchen eine Zukunft. Wir leisten Hilfen zum

Elektromülldeponie Agbogbloshie, Accra/Ghana, August 2018.
Auf der größten Elektroschrotthalde der Welt verbrennen 20 000 Kinder Elektroschrott, darunter auch deutsche Elektronikteile. Deutschland hat ein Ausbildungsprogramm »Recycling« für die Jugendlichen gestartet.

Solarpark in der Wüste bei Benban/Ägypten, Februar 2020.
Die Sonne in der Wüste Afrikas ist die Energie der Zukunft. Der Benban-Solarpark ist Afrikas größtes Photovoltaikkraftwerk mit rund 32 Quadratkilometer bebauter Fläche. 7,5 Millionen Solarmodule liefern hier in der Assuan-Wüste 1600 Megawatt Strom und das zu einem Preis von zwei Cent pro Kilowatt. Der Wüstenstrom ist heute die Alternative zu Kohle, Öl oder Kernkraft.

Flüchtlingslager Teachers Village in Maiduguri/Nigeria, Februar 2020.
Boko-Haram-Terroristen haben Tausende von Mädchen verschleppt, vergewaltigt, ermordet. Gerd Müller traf Überlebende.

Indigene im Amazonas Tumbiras/Brasilien, Juli 2019.
Die Sprecherin der Indigenen kämpft für ihre Rechte. Der Regenwald ist die Lunge des Planeten. Alle vier Sekunden wird die Fläche eines Fußballfelds abgeholzt – vor allem für riesige Soja- und Palmölplantagen. Elf Prozent der weltweiten CO_2-Emissionen gehen auf die Waldzerstörung zurück.

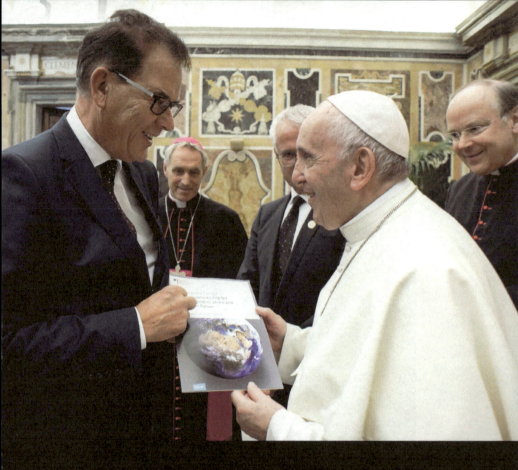

Vatikan/Italien, August 2018.
Gerd Müller übergibt den Marshallplan mit Afrika an Papst Franziskus.
In der Enzyklika *Laudato si'* ruft Papst Franziskus die Welt zur Umkehr und
Übernahme von Verantwortung für die Schöpfung auf. Die katholische Kirche
ist weltweit ein wichtiger Partner der deutschen Entwicklungszusammen-
arbeit.

gegnerischen Mannschaft und des Schiedsrichters anfallenden Emissionen. Fans können ein klimaneutrales Jahresticket erwerben. Ich bin sicher, viele werden in den kommenden Jahren diesem vorbildlichen Beispiel folgen.

Jeder kann sofort seinen Beitrag für eine bessere Zukunft leisten. Die Aussage ist mit Blick auf die Allianz für Entwicklung und Klima genau richtig. Mit ihr motivieren wir alle Altersgruppen dazu, sofort etwas zu tun – freiwillig, wirksam, auf eigene Kosten. Jeder kann sich sofort beteiligen an der (Mit-)Finanzierung kluger Projekte in Entwicklungs- und Schwellenländern mit entsprechenden Wirkungen. Die Webseite der Allianz zeigt hierzu Möglichkeiten auf. Im Kontext der Allianz geht es ausschließlich um gute Projekte in Entwicklungs- und Schwellenländern. Die Projekte sollten positiv auf einzelne SDG, zum Beispiel Schulausbildung von Kindern, Förderung von Frauen, Erhalt einer hohen Biodiversität, wirken und zugleich positive Effekte für das Klima haben. Für anerkannte Projekte im Rahmen der Allianz muss eine Bestätigung über die erzeugten Wirkungen vorliegen. Dies geschieht über qualitätsbestätigende Zertifikate für entsprechende Aktivitäten. Projekte mit solchen Bestätigungen werden mit Unterstützung von Projektentwicklern in großer Breite am Markt angeboten.

Will man als Unternehmen, Organisation oder als Individuum klimaneutral – oder sogar klimapositiv – werden, muss man auf der Basis von Standards seinen eigenen CO_2-Fußabdruck bestimmen (lassen). Dasselbe gilt sinngemäß auch für Produkte.

Arbeitet man in Richtung Klimaneutralität oder Klimapositivität, kommt es auf die Zahlen an. Bei Klimaneutralität soll über (mit-)finanzierte Projekte bilanziell mindestens so viel weniger CO_2 in die Atmosphäre gelangen, wie der handelnde Akteur als Fußabdruck festgestellt hat. Man kann in diesem Kontext Emissionen vermindern, vermeiden und sie über Projekte ausgleichen. In letzterem Fall spricht man auch von CO_2-Kompensation durch Projektaktivitäten. Aus Sicht der Allianz ist dies zur Förderung von Entwicklung und zur Verbesserung der weltweiten CO_2-Bilanz von besonderem Interesse. Die Allianz für Entwicklung und Klima ist ein Aufruf zum Mitmachen für alle.

Der Wald – die Lunge des Planeten

- Circa zwölf Millionen Hektar Wald weltweit gehen jedes Jahr verloren.

- 12 Prozent der globalen CO_2-Emissionen sind eine Folge von Brandrodung der tropischen Regenwälder.

- 34 Millionen Tonnen Soja jährlich kommen aus Brasilien und Argentinien in die EU, dies entspricht einer Produktionsfläche von 13 Millionen Hektar.

- Die weltweite Fleischproduktion hat sich in den vergangenen zehn Jahren auf der Basis von Sojaproduktion fast verdreifacht.

- Der Schutz der Regenwälder muss angemessen vergütet werden.

- Das Amazonas-Regenwaldgebiet umfasst eine Fläche etwa 25-mal so groß wie Deutschland.

Ohne Bäume und Pflanzen gäbe es kein Leben auf dem Planeten. Die Photosynthese ist die Grundlage des Lebens auf der Erde. Bäume und Pflanzen binden große Mengen an Kohlenstoff, indem sie CO_2 aus der Luft aufnehmen. Den Kohlenstoff nutzen sie für ihr eigenes Wachstum. Dabei entsteht Sauerstoff, den wir zum Überleben brauchen. Diese Grunderkenntnis haben wir alle einmal im Biologieunterricht gehört. Dennoch sägen wir an diesem Ast unserer Lebensgrundlage auf dem Planeten. Circa zwölf Millionen Hektar Wald gehen jedes Jahr verloren. Wälder haben eine Vielfachfunktion und sind entscheidend für den Erhalt des bisherigen Weltklimas. Sie bilden Sauerstoff und binden das Treibhausgas Kohlendioxid. Wälder und Böden speichern weltweit in etwa die Hälfe des auf der Erde gebundenen Kohlenstoffes. Der Kohlenstoff wird bei Entwaldung und Verbrennung von Holz freigesetzt. Circa 12 Prozent der globalen Treibhausgasemissionen sind eine Folge der Entwaldung und Brandrodung der tropischen Regenwälder. Wäre tropische Entwaldung ein Land, dann wäre dieses Land an dritter Stelle hinsichtlich der größten Treibhausgasemissionen weltweit: nach China und den USA, mit großem Abstand vor der EU. Wir alle sind besorgt und sprechen über den Treibhausgaseffekt.

Kürzlich hatte ich eine zwölfte Klasse Gymnasiasten im Ministerium zu Besuch. Natürlich war der Klimawandel das beherrschende Thema. Jeder von den Schülern hatte Sorgen und Angst, aber keiner konnte den Zusammenhang richtig erklären. Worum geht es? Unsere Erde ist von einer Atmosphäre umgeben. Die Atmosphäre lässt sichtbares Licht von der Sonne fast ungehindert durch. Dieses wird vom Boden absorbiert. Dadurch heizt sich der Boden auf und strahlt Infrarot ab. Würde diese Infrarotstrahlung ungehindert durch die Atmosphäre die Erde Richtung Weltall verlassen, wäre es bei uns im Mittel etwa minus 18 Grad Celsius kalt. Unsere Atmosphäre enthält aber natürliche Treibhausgase. Diese Treibhausgase verhindern, dass die Strahlung vom Boden in das Weltall gelangen kann, sondern absorbieren diese und strahlen sie zum Teil wieder zum Boden zurück.

Der natürliche Treibhauseffekt ist für uns überlebenswichtig und sorgt für ein lebensfähiges Klima. Nunmehr hat der Mensch durch seinen Lebensstil und die Industrialisierung erhebliche Mengen an anthropogenen Klimagasen zusätzlich erzeugt. Dazu gehören Ozon, Wasserdampf, aber vor allem Kohlenstoffdioxid. Je mehr sich davon in der Atmosphäre ansammelt, desto wärmer wird es auf der Erde. Ebendieser Effekt wird auch in einem Treibhaus genutzt. Das Sonnenlicht gelangt durch die Wände des Treibhauses, wärmt den Boden und die Luft auf. Die Wände halten die warme Luft dann fest.

Vor diesem Hintergrund kann die Bedeutung der tropischen Regenwälder überhaupt nicht überschätzt werden. Sie bilden den lebenswichtigen Sauerstoff und binden das Treibhausgas CO_2. Allein im Regenwald Amazoniens ist eine Menge an CO_2 gebunden, die der heutigen globalen Treibhausgasemission von sechs bis sieben Jahren entspricht. Wir empören uns deshalb zu Recht, wenn wir die Fernsehbilder von brennenden Regenwäldern in Brasilien, Indonesien oder im Kongobecken sehen. Allein in Kongo, in Kamerun und der Zentralafrikanischen Republik gehen jährlich 1,7 Millionen Hektar Wald verloren – das macht fast 20 Prozent des jährlichen globalen Waldverlustes aus. Heute stellt sich Brandrodung als das entscheidende Problem dar. Solange die Bevölkerungszahlen klein waren, Acker- und Weideflächen nur zur Deckung des eigenen Bedarfs genutzt wurden, waren die dadurch entstandenen Schäden noch verkraftbar. Zumal im Rahmen des Wanderfeldbaus durch die Brandrodung geschaffene Acker- und Weideflächen nach Erschöpfung der geringen Nährstoffreserven im Boden, die für tropische Böden typisch sind, oft gänzlich zugunsten neuer unberührter Primärwaldflächen aufgegeben wurden.

Diese Situation hat sich aber dramatisch verändert aufgrund der explosionsartig gestiegenen Bevölkerungsgröße und des unaufhaltsamen Vordringens einer auf Export ausgerichteten Plantagenwirtschaft. Wir dürfen uns darüber nicht nur empören.

Wir haben in Europa in früheren Zeiten ebenfalls viel Wald abgeholzt. Und bei der Kolonisierung von Nord-, Süd- und Mittelamerika dasselbe in großem Stil betrieben. Außerdem tragen wir durch unseren Lebens- und Konsumstil eine gewisse Mitschuld und Mitverantwortung. Bis zu 80 Prozent der weltweiten Entwaldung geht heute nämlich darauf zurück, dass Wald in landwirtschaftliche Nutzflächen umgewandelt wird. Illegaler Holzeinschlag und zerstörerische Minenwirtschaft tun ihr Übriges. Weltweit sind die Rinderzucht, Soja- und Plamölanbau allerdings die bedeutendsten Entwaldungstreiber.

Was hat das mit uns in Deutschland und Europa zu tun? Die Europäische Union bezieht derzeit circa 34 Millionen Tonnen Soja jährlich aus Brasilien und Argentinien. Dies entspricht einer Produktionsfläche von circa 13 Millionen Hektar. In der Welt ist China der Hauptimporteur von Soja für die nationale Fleischproduktion. Der Fleischverbrauch pro Kopf ist in China heute sechsmal so hoch wie noch im Jahre 1965 bei gleichzeitiger Verdopplung der Bevölkerungszahl auf 1,4 Milliarden Menschen.[1]

Die globale Fleischproduktion hat sich in den letzten rund 50 Jahren fast vervierfacht! Die weltweiten Anbauflächen für Soja, das überwiegend zur Fütterung von Nutztieren eingesetzt wird, haben sich in den letzten 50 Jahren von 28 Millionen Hektar auf 130 Millionen Hektar mehr als vervierfacht.

Auch in Deutschland ist die Fleischproduktion mittlerweile weit über den Selbstversorgungsgrad hinaus gestiegen. Soja aus Brasilien für die Schweinemast in Deutschland ist heute ein normaler Vorgang. Was wir dagegen tun können, ist, dafür zu sorgen, dass Sojaeinfuhr nur noch bei Anbau auf zertifizierten Flächen zulässig ist, die definitiv nicht auf der Basis von brandgerodeten Regenwäldern gewonnen wurden. Die Vertreter der deutschen Agrarwirtschaft unterstützen dies. Im Mercosur-Abkommen mit vielen Staaten Lateinamerikas muss dies ein zentraler Punkt sein. Es geht darum, über das Abkommen mehr Nachhaltigkeit in der Landwirtschaft Brasiliens und Argentiniens einzufordern. Bei meinen Gesprächen in Brasilien habe ich dies unmissverständlich deutlich gemacht. Der Regenwaldschutz – und dies nicht nur in Brasilien, sondern auch im Kongobecken und in Indonesien – ist eine besonders wichtige Aufgabe und bildet eine globale Herausforderung. Für den Schutz der Regenwälder gilt es, Verantwortung zu übernehmen. Verantwortung heißt auch, dass wir uns materiell zu Qualitätsstandards verpflichten, auch wenn dies Kosten für uns erhöht. Deshalb ist es auch so wichtig, dass unsere Umweltschutzprojekte im Amazonasgebiet fortgesetzt werden.

Neben der Ausweitung von Schutzzonen, der Feststellung und Bekämpfung illegaler Nutzung der Regenwälder durch modernste Satellitensysteme kommt der Förderung der indigenen Bevölkerung in den Waldgebieten vor Ort eine entscheidende Bedeutung zu. Die Menschen vor Ort, die im Wald und vom Wald leben, brauchen eine Einkommensperspektive. Konkret heißt das, dass Angehörige indigener Völker in ihren Rechten gestärkt und zudem für ihre Leistungen zum Schutz der Regenwälder angemessen vergütet werden müssen.

Ich war überwältigt, als ich mit einem Wasserflugzeug zu einer Siedlung tief im Amazonasgebiet fliegen konnte. Während des Fluges hatten wir auch viele Brände und Rauchsäulen im Regenwald gesehen. Die Siedlung der indigenen Bevölkerung verfügt über eine Schule und profitiert von Naturtouristen, die es dort hinzieht. Es ist ein unglaubliches Gefühl, über den Amazonas zu fliegen und im Regenwald zu landen (siehe Bild).

Der Bürgermeister des Dorfes empfing mich mit großer Herzlichkeit. Es ist nicht so, dass die Zivilisation dort nicht angekommen wäre. Der Bürgermeister zeigte mir stolz sein Handy und das darauf installierte mobile Banking-System, das er entwickelt hat. Ich staunte nicht schlecht darüber, dass die etwa 200 Menschen in der Siedlung über ein mobiles Bankkonto verfügen. Es war mir klar, dass mir von der Regierung eine Vorzeigesiedlung gezeigt wurde.

Die Situation der indigenen Menschen tief im Wald ist eine andere. Sie brauchen unsere Hilfe und Unterstützung. Umgekehrt sind wir alle auf das Wissen und Können dieser Menschen zum Schutz des Waldes angewiesen. Die tropischen Regenwälder der Erde sind das artenreichste Ökosystem des Planeten. Sie sind der »Hotspot« für genetische Vielfalt und Biodiversität. 50 bis 70 Prozent aller Tier- und Pflanzenarten leben hier. Der tropische Regenwald umspannt die

Erde längs des Äquators wie ein immergrüner Gürtel. Nicht nur in Amazonien, sondern auch im Kongobecken und in Südostasien. Insgesamt bedecken die Regenwälder 11 Prozent der Landfläche der Erde. Das Amazonas-Regenwaldgebiet mit acht Millionen Quadratkilometern umfasst eine Fläche, die etwa 25-mal so groß ist wie Deutschland.

Einige Wochen nach meinem Besuch 2019 in Brasilien gingen die dramatischen Bilder der Waldbrände im Amazonasgebiet über die Fernsehschirme. Es folgte eine große Empörungswelle. Der französische Präsident Emmanuel Macron wollte die brasilianische Regierung unter Druck setzen und drohte damit, die Zusammenarbeit aufzukündigen. Das ist kurzfristig agierende Politik. Damit lösen wir die Probleme nicht, denn bei meinen Gesprächen mit dem brasilianischen Umweltminister Salles wurde mir sofort klar, dass Druck meist nur Gegendruck erzeugt.

Norwegen und Deutschland engagieren sich seit vielen Jahren und erfolgreich mit Schutzprogrammen im Amazonasgebiet. Wem würde es nützen, wenn wir Regenwald-Programme jetzt einstellen? Dies würde weder den indigenen Menschen noch dem Wald, noch dem Klima helfen. Wir müssen es stattdessen mit attraktiven Angeboten erreichen, dass die brasilianische Regierung sich zu einem effektiven Waldschutz verpflichtet und massiv gegen illegalen Holzeinschlag, Brandrodung und die Ausweitung der Sojaplantagen einschreitet. Umgekehrt forderte Umweltminister Salles ein stärkeres Engagement der Weltgemeinschaft zum Schutz der »Lunge des Planeten«. Beim folgenden G7-Gipfel im französischen Biarritz haben die G7-Staaten eine Soforthilfe von 20 Millionen Euro für die Anrainerstaaten im Amazonasbecken zugesagt. Das sind »Regentropfen«, die nicht einmal für die Brandbekämpfung ausreichen. Das ist reine Symbolpolitik.

Deutschland geht einen anderen Weg. Wir akzeptieren unsere Verpflichtungen und werden zusammen mit Norwegen und anderen europäischen Staaten den Regenwaldschutz nicht nur in Amazonien, sondern auch im Kongobecken und in Indonesien ausweiten. Die Regierungen vor Ort müssen unterstützt, aber auch in die Pflicht genommen werden. Nicht nur im Kampf gegen illegalen Holzeinschlag, sondern auch gegen das ökologisch verheerende Goldschürfen.

Im Amazonasgebiet betreiben wir mit dem Bundesforschungsministerium eine Station zur Satellitenüberwachung des riesigen Gebiets. Mit unserer Unterstützung konnten 1,6 Millionen Quadratkilometer Tropenwald unter Schutz gestellt und die indigene Bevölkerung in die Waldschutz- und Bewirtschaftungsprogramme einbezogen werden. Entscheidend wird in diesem Kontext sein, dass die brasilianischen Bauern ausreichende Einkommen ohne Brandrodung erzielen können. Brasilien ist das größte Land Südamerikas, von der Fläche und der Bevölkerung her der fünftgrößte Staat der Erde.

Am Mercosur-Abkommen sind fast alle Staaten Südamerikas beteiligt. Wir haben eine große Chance, im Rahmen dieses Freihandelsabkommens, das derzeit auch mit Indonesien verhandelt wird, kluge Vereinbarungen zu treffen. Auch in Indonesien werden übrigens gigantische Waldflächen in Brand gesetzt, um Palmöl für alle möglichen Produkte des täglichen Bedarfs zu produzieren, zum Beispiel für unser Shampoo. Die Rauchschwaden der Brände im Regenwald ziehen bis nach Malaysia, bis in die dortige Hauptstadt Kuala Lumpur. Palmölplantagen sind oft Monokulturen zulasten der Biodiversität. Nach dem Amazonas- und dem Kongobecken gibt es auf den Inseln Indonesiens das drittgrößte Regenwaldgebiet der Erde.

Wichtig ist, dass in den Freihandelsabkommen nunmehr die Nachhaltigkeitskapitel verbindlich festgeschrieben und mit Sanktionen belegt werden. Ziel muss sein, entwaldungsfreie Lieferketten zum Standard zu machen. Kein Soja mehr in deutsche Schweinetröge, kein Soja nach Europa, für das Tropenwald illegal gerodet wurde. Wer Soja nach Europa importieren will, muss nachweisen, dass es aus zertifizierter Produktion stammt. Das Gleiche muss für Palmöl gelten.

Regenwälder, Ozeane und Böden sind die größten CO_2-Speicher des Planeten. Wer das Klima stabilisieren will, muss den verbliebenen Regenwald konsequent schützen und dazu seine Zerstörung stoppen. Dazu kann jeder seinen Teil beisteuern.

Privatpersonen, Unternehmen, öffentliche Institutionen und Kommunen können beispielsweise durch den Kauf von Klima- und Waldschutzzertifikaten zum Erhalt des Regenwalds beitragen. Genau dieses bieten wir im Rahmen der Allianz für Entwicklung und Klima an.

Der Schutz des Waldes geht über den Regenwaldschutz hinaus. In den afrikanischen Ländern südlich der Sahara kochen beispielsweise heute noch vier von fünf Menschen mit Holz. Das typische Bild an jedem Straßenrand sind Frauen mit Holzbündeln auf Fahrrädern oder auf den Rücken gebunden. Der schon hohe Bedarf an Holzenergie wird durch das explosive Bevölkerungswachstum und die Urbanisierung weiter erheblich steigen, wenn keine anderen Lösungen gefunden werden. Die negativen Umweltauswirkungen dieser massiven Holznutzung für das Kochen sind dramatisch. Notwendig ist eine zügige Umstellung bei Kochenergie von Holz hin zu elektrischem Kochen mit Solar- und erneuerbaren Energien. Die benötigten Kochherde sind heute günstig herstellbar und können vor Ort produziert werden. Lösungen sind manchmal einfach, liegen auf der Hand und sind finanzierbar.

Aber man muss es tun. Die Wälder Afrikas müssen erhalten bleiben. Dies ist nicht nur wichtig für das Klima, sondern insbesondere auch für den Wasserhaushalt und den Erhalt der Biodiversität. Ich freue mich, dass ich mit der früheren Umweltministerin Bärbel Höhn und dem Agrar- und Umweltexperten Josef Göppel zwei großartige Idealisten dafür gewinnen konnte, sich des Themas anzunehmen. Beide haben die Initiative Grüne Bürgerenergie für Afrika im Rahmen des Marshallplans mit Afrika ins Leben gerufen. Ziel ist es, in den nächsten Jahren moderner Kochenergie in den Haushalten sowie regenerativen Energien in den Gewerbebetrieben und im Agrarsektor zum Durchbruch zu verhelfen. Regenerative Energie statt Holz und Holzkohle, das muss der Weg für die ländlichen Regionen in Subsahara-Afrika sein. All dieses wird aber nur dann Erfolg haben, wenn die lokale Bevölkerung eingebunden und mitgenommen wird. Das gilt auch für den Schutz der Wälder und für Wiederaufforstung.

Eine wichtige Entdeckung machte in diesem Kontext Yacouba Sawadogo in **Burkina Faso**. Die Kleinbauern in seiner Region hatten sich angewöhnt, kleine Vertiefungen auf ihren Feldern zu graben. Damit wollten sie gegen die Trockenheit ankämpfen. In den Löchern sollte sich der spärlich fallende Regen sammeln. Yacouba Sawadogo gab in diese Löcher etwas Dung hinein. Seine Nachbarn empfanden das als Verschwendung. In den Folgejahren stellte sich heraus, dass in den Vertiefungen die Sprösslinge von Bäumen wuchsen. Sie entstanden aus Samen, der sich in dem Dung befunden hatte. Mitten auf den Hirse- und Sorghumfeldern wachsen jetzt kleine Bäume. Geht das zulasten der Ernten? Nein. Nach einigen Jahren stellte man nämlich fest, dass die Felder nicht weniger, sondern mehr Hirse lieferten. Die Bäume, mittlerweile waren sie herangewachsen, spendeten in der Sahelzone nicht nur Schatten, sondern schützten die Ernte auch vor Wind und trugen dazu bei, dass die degradierten Böden sich langsam wieder erholten. Im Laufe der Jahre wuchsen in Burkina Faso immer mehr Bäume. Dürregebiete wurden grün, die Landschaft veränderte sich. Aus Feldern wurden Wälder, was der Hirseernte aber keinen Abbruch tat, im Gegenteil. Bei dieser Methode wurden Elemente des Ackerbaus und der Forstwirtschaft miteinander kombiniert. Yacouba Sawadogo hat die Sahelzone wieder grüner gemacht und vor Ort die Ausbreitung der Wüste gestoppt.

Landverödung ist ein riesiges Problem. Am härtesten trifft es die Entwicklungsländer und ganz besonders afrikanische Länder. Nach Berechnungen der UNO sind etwa 250 Millionen Menschen von Landverödung direkt betroffen. Es ist ein sich selbst verstärkender Prozess. Denn wenn die Pflanzendecke schrumpft und wenn Wälder verschwinden, nehmen auch die Regenfälle ab, weil das Wasser oberflächlich abfließt und wenig Feuchtigkeit verdunstet. Die Erderwärmung verstärkt diesen Prozess zusätzlich. Wüsten und Halbwüsten bedecken heute schon ein Drittel der Landfläche der Erde. Die Abholzung zu stoppen, abgeholzte Flächen wieder aufzuforsten und Wälder zu schützen ist deshalb auch unter diesem Gesichtspunkt eine wichtige Aufgabe. Es gibt fantastische Menschen und Idealisten, die ständig an diesem Thema arbeiten.

Tony Rinaudo besucht mich in meinem Berliner Büro, stellt einen Busch auf meinen Schreibtisch und zeigt mir seine Methode zur Wiederaufforstung verödeter Landstriche in Afrika. Er kam ursprünglich als Missionar nach Afrika, arbeitete für die Weltbank, sollte Bäume ziehen und auspflanzen. Die Methode funktionierte nicht, er war frustriert. Eine Frage hat ihn beschäftigt. Warum werden die Büsche in der afrikanischen Landschaft nie höher als einen Meter? Die Antwort: Immer zu Beginn der Regenzeit schnitten die Farmer die Büsche ab und nutzten sie als Brennmaterial. Tony Rinaudo schaute genauer hin und stellte fest, dass die Büsche eigentlich Bäume waren. Man musste sie nur wachsen lassen. Von diesen Büschen gab es Millionen und Abermillionen. Er war überzeugt davon, dass wenn dies ursprünglich ein Wald war, dieser Wald auch wieder entstehen könnte. Tony Rianaudo hatte bei seinen Untersuchungen ein weit verzweigtes Wurzelwerk im Boden entdeckt, einen unterirdischen Wald. Man musste die Sprösslinge, die sich von alleine bildeten, nur gewähren lassen. Das aber ist nur möglich, wenn die Menschen ihre Herden nicht weiter auf die verkarsteten Flächen schicken. Seit Jahren hat Rinaudo gegen die Abholzung gekämpft. Den Wald zu erhalten ist überlebenswichtig: er schützt den Boden, bindet CO_2 und speichert Regenwasser. In Sambia konnte ich sehen, wie die Methode tatsächlich auch in der Realität funktioniert und wie aus verödeten Regionen innerhalb von zehn Jahren wieder grüne Landschaften entstehen.

Tony Rinaudo hat durch sein Wissen dazu beigetragen, dass nicht nur in Sambia, sondern auch im Niger und in anderen Ländern Westafrikas Millionen von jungen Bäumen wachsen. Und er hat erkannt, wie wichtig es ist, die Böden zu schützen, zu pflegen und aufzuwerten. Es geht dabei um etwa 30 Zentimeter Boden, den oberen Teil der Erdkruste, der mit Organismen, Tier- und Pflanzenresten durchsetzt ist. Von diesen etwa 30 Zentimetern lebt die Natur, leben Mensch und Tier. Pflanzenreste, Rest- oder Altholz im Boden tragen zur Humusbildung bei. Die Bodenfruchtbarkeit steigt. Außerdem können organische Verbindungen Tausende von Jahren im Boden verbleiben. Damit sind sie dem Kohlenstoffkreislauf dauerhaft entzogen und tragen nicht mehr zum Klimawandel bei.

Gegenwärtig ist die Entwicklung der Böden weltweit besorgniserregend. Die Bodenqualität und der Kohlenstoffgehalt der Böden nehmen ab. Der Boden wird dabei zu einer Quelle von CO_2-Emissionen – ein verhängnisvoller Kreislauf. Das muss sich ändern. Der Erhalt und Wiederaufbau von Wald und eine nachhaltige Waldbewirtschaftung leisten in diesem Kontext einen zentralen Beitrag zum Klimaschutz, zum Schutz biologischer Vielfalt und zur Verbesserung der Ernährungssituation und zur Einkommenssicherung der Menschen.

Mittlerweile gibt es viele positive Beispiele für Wiederaufforstung. Äthiopien hat im Jahr 2019 einen Weltrekord aufgestellt und in zwölf Stunden 354 Millionen Setzlinge gepflanzt. Ministerpräsident Abiy Ahmed hat dafür die Green Legacy Initiative gegründet, um das Land wieder zu begrünen. Äthiopien war in der Tat bis zum Ende des 19. Jahrhunderts zu gut einem Drittel mit Wald bedeckt. Heute sind es nur noch weniger als 5 Prozent. Damit steht Äthiopien beispielhaft für viele Länder. Wir kennen dies ja auch aus unserer Geschichte in Europa, wo große Teile des Waldbestandes verloren gingen.

Wiederaufforstung gilt als ein entscheidender Hebel gegen den Klimawandel. Man spricht dabei von biologischer Sequestrierung, weil Bäume große Mengen CO_2 einlagern. Die ETH Zürich hat diese Erkenntnis durch eine aktuelle Studie untermauert. Demnach könnte auf dem Globus nahezu eine Milliarde Hektar Land zusätzlich mit

Wald bedeckt werden, ohne die Landwirtschaft und die Siedlungsflächen einzuschränken. Das entspricht etwa der Größe der Vereinigten Staaten von Amerika. Dieser zusätzliche Wald könnte, wenn er ausgewachsen ist, etwa 200 Milliarden Tonnen Kohlenstoff aus der Atmosphäre binden. Das wären dann pro ausgewachsenem Hektar Wald, inklusive Böden, gut 600 Tonnen CO_2, die gebunden würden. Diese Rechnung ist allerdings stark hypothetisch. Denn Wiederaufforstung in dieser Größenordnung ist ein riesiges und schwieriges Unterfangen. Im besten Fall wird es mindestens 80 Jahre dauern, um dieses Ziel zu erreichen. Pro Jahr reden wir dann noch über einige Milliarden Tonnen CO_2, die der Atmosphäre entzogen werden, während sich die jährlichen (Neu-)Emissionen in Richtung von 40 Milliarden Tonnen und mehr entwickeln. Interessant ist trotzdem, dass die 200 Milliarden Tonnen Kohlenstoff etwa zwei Dritteln des vom Menschen bisher seit der vorindustriellen Zeit produzierten Kohlenstoffs entsprechen. Das zeigt, wie gering noch vor 10 bis 20 Jahren die Emissionen im Verhältnis zu den heutigen Werten waren. Selbst wenn nur die Hälfte oder ein Drittel der genannten Menge zusätzlich gebunden werden könnte, wäre dies eine gewaltige Menge und ein großer Fortschritt gegenüber dem Status quo. Die Studie belegt auf alle Fälle, wie wichtig konsequente Wiederaufforstung ist.

Auch hier gilt die alte Erkenntnis: Wissen ist nicht genug. In der New Yorker Walderklärung aus dem Jahr 2014 hat die Weltstaatengemeinschaft sich dazu bekannt, bis 2030 die Waldverluste zu stoppen, 350 Millionen Hektar Wald bis 2030 wiederaufzuforsten und Lieferketten entwaldungsfrei zu gestalten. Bisher ist nur wenig passiert. Es bleiben nur noch zehn Jahre bis 2030. Deshalb müssen wir von der Theorie schnellstmöglich zu entschlossenem Handeln kommen.

An dieser Stelle möchte ich abschließend auf die Initiative Plant-for-the-Planet und einen bemerkenswerten jungen Mann, Felix Finkbeiner, hinweisen. Felix hat schon als Kind damit begonnen, sich für weltweite Aufforstung zu engagieren. Er ist diesem Anliegen treu geblieben und engagiert sich an vielen Stellen erfolgreich für das

Thema – getreu dem Motto: Steter Tropfen höhlt den Stein. Vor zwei Jahren war Plant-for-the-Planet in Monaco wesentlicher Impulsgeber der »Trillion tree campaign«. Diese will bis 2050 zur Aufforstung von einer Billion neuer Bäume beitragen.

Natürliche Lebensgrundlagen schützen

- Neben der Vermeidung und Reduzierung von CO_2-Emissionen ist es entscheidend, der Atmosphäre CO_2 zu entziehen.
- Wälder und Feuchtbiotope binden CO_2.
- Mangrovenwälder binden im Vergleich zu Wäldern den vierfachen CO_2-Anteil.
- Die CO_2-Bindung der Böden wird unterschätzt.
- Die Regenwälder sind die Lunge des Planeten.

Angesichts der uns massiv bedrängenden Probleme im Klimabereich sind Methoden, um CO_2 wieder aus der Atmosphäre zu holen, von besonderer Wichtigkeit. Dies insbesondere dann, wenn sich solche Ansätze sogar rechnen und weitere Entwicklungswirkungen mit sich bringen. Eine Bilanz hat zwei Seiten. Leider sind die öffentlichen Debatten zum Klima geprägt nur durch eine der beiden Seiten, nämlich von Diskussionen zur **Vermeidung** von CO_2-Emissionen. Dringend sollten Diskussionen zur Entziehung von CO_2 aus der Atmosphäre eine ähnliche Bedeutung wie die Vermeidungsfrage gewinnen. Und wenn heute doch einmal über Entziehung von CO_2 gesprochen wird, finden sich in den Diskussionen oft rein technische Ansätze, die allerdings sehr teuer sind. Manchmal findet man auch futuristische

Ansätze eines Geo-Engineerings. Diese werfen wegen möglicher Nebenwirkungen viele neue Fragen auf.

Viel naheliegender sind biologische Ansätze (**Nature-based Solutions**). Das ist ein zentraler Bereich, in dem international bisher viel zu wenig passiert. Der Austausch zwischen biologischen Vorgängen auf der Erde und CO_2 in der Atmosphäre ist vielfältig, hat ein riesiges Volumen und beinhaltet viele positive Potenziale. Wie Studien zeigen, finden sich in diesem Umfeld die besten Win-win-Optionen zwischen Verbesserungen im Bereich der SDG (Einkommen, Ernährung, Infrastruktur, Energie, biologische Vielfalt etc.) und Umwelt- und Klimaschutz. Auch bezüglich der Wechselwirkung **Entwicklung und Klima** kommt den Nature-based Solutions eine besondere Bedeutung zu. Dazu gehören insbesondere:

1. Konsequenter Regenwaldschutz
2. Massive Aufforstung (potenziell eine Milliarde Hektar degradierte Böden in den Tropen)
3. Humusbildung in der Landwirtschaft auch in semi-ariden Gebieten, zum Beispiel am Rande großer Wüsten (potenziell geht es auch um eine Milliarde Hektar)
4. Feuchtbiotope
5. Moore
6. Mangrovenwälder (Schnittstelle Wasser/Land)
7. Algenbildung im Meer

Die Diskussion um Nature-based Solutions ist vielfältig.

Für den **Regenwalderhalt** gibt es mittlerweile internationale Zertifizierungsverfahren, insbesondere REED+. Die Verfahren sind allerdings aufwendig. Regenwaldschutz gelingt bisher nur sehr bedingt. Das heißt, es wird nach wie vor in großem Umfang abgeholzt und abgebrannt – oft illegal.

Was ist zu tun? Sollte man nicht andere Ansätze verfolgen, zum Beispiel Prämien zum Erhalt pro Hektar Regenwald ausgeben? Jedes zusätzliche Jahr, in dem Regenwald erhalten wird, ist gut, allein im Hinblick auf den »Tipping Point«. Ähnlich sieht es bei Aufforstungen aus, bei denen die Anerkennungsverfahren ebenfalls vereinfacht werden sollten.

Auch das Thema Humusbildung in der Landwirtschaft ist bisher viel zu wenig entwickelt. Ein ganzheitlicher Zugang ist erforderlich. Bezüglich des Nachweises von CO_2-Bindung im Boden ist die Nutzung von Satelliteninformationen ein tragfähiger Ansatz. Die Frage der Finanzierung solcher Maßnahmen ist nicht nur in der EU, sondern weltweit nach wie vor völlig ungelöst. Wenn Böden zur Kohlenstoffsenke werden sollen, muss das bezahlt werden, und zwar von denjenigen, die CO_2 emittieren. Das Geld wird zum Beispiel benötigt für die Herstellung und Einbringung von Holz- und Biokohle in die Erde, was zugleich die Produktivität der Böden steigert.

Die Allianz für Entwicklung und Klima schafft hier einerseits Bewusstsein und denkt über neue Lösungen nach, andererseits schafft sie neue Finanzierungsmöglichkeiten.

Aktivitäten in den Bereichen Forst- und Landwirtschaft kommen auf bis zu zehn Tonnen CO_2 pro Jahr und Hektar. Sie erzeugen zudem massive Co-Benefits vielfältiger Art. Dies gilt noch viel stärker für **Feuchtbiotope**, die pro Hektar bis zum Fünffachen an CO_2 im Verhältnis zu Wäldern binden und zum Beispiel die Basis für viele Vogelschutzgebiete sind. Die Konkurrenz zu anderen Nutzungsformen der Böden ist in diesem Bereich besonders hoch. **Moore** haben ein ähnlich hohes CO_2-Bindungspotenzial wie Feuchtbiotope. Auch hier besteht eine erhebliche Flächenkonkurrenz zu anderen Nutzungsformen der Flächen. **Mangrovenwälder** sind besonders interessant, weil sie die Küsten vor Erosionen schützen und helfen, die Fischbestände zu vermehren. Die CO_2-Bindung liegt beim Vierfachen normaler Wälder. Schließlich wird der Algenbildung im Meer, durch die erhebliche Volumina an Biomasse gewonnen werden, ein hohes Potenzial zugerechnet.

Dem Schutz globaler Güter der Natur kommt zentrale Bedeutung beim erfolgreichen Kampf gegen den fortschreitenden Klimawandel zu. Konsumverhalten, Lebensstil und Wirtschaftsweise im globalen Kontext müssen in Einklang und Balance mit dem Schutz von Natur und Umwelt erfolgen.

STERBEN VERHINDERN – HILFEN VERSTÄRKEN

Das Flüchtlingsdrama beenden

- 70 Millionen Menschen sind weltweit auf der Flucht.
- 90 Prozent der Flüchtlinge werden von meist sehr armen Entwicklungsländern aufgenommen.
- 50 Prozent der Flüchtlinge sind Kinder.
- Mit 50 Cent am Tag stellen Hilfsorganisationen das Überleben eines Flüchtlings sicher.
- Deutschland ist der zweitgrößte Geber in den Krisenregionen der Welt.

Mossul steht für den fürchterlichen Terror des IS. Schutzwesten, gepanzerte Autos, das Militär beschützt unseren Konvoi. Wir wollten ein Zeichen der Hoffnung und der Hilfe für die Menschen und Kinder in den Kriegstrümmern der Stadt setzen. Fassungslos stehe ich vor dem zerstörten Krankenhaus, dem Kommandozentrum des IS. Sprengstoffexperten zeigen mir, mit welcher Brutalität auch und gerade gegen Kinder vorgegangen wurde. An Wasserflaschen wurden Sprengfallen installiert, sodass Kinder beim Anfassen nicht ihren Durst löschten, sondern ihr Leben ausgelöscht wurde. Nicht nur in Mossul, in Idlib, in Syrien, im Jemen, in Venezuela und vielen anderen Ländern der Welt leben Millionen von Menschen und vor allem Kinder in Not und Elend in dürftigen Flüchtlingslagern.

Besonders schockierend ist die Situation von circa einer Million Rohingyas in Bangladesch. Überall warten die Menschen und vor allem die Kinder auf Hilfe. Sie fühlen sich verlassen und vergessen von der Weltgemeinschaft. Die vergangenen Jahre waren die schwierigsten und tödlichsten Jahre für die Kinder in den Kriegsgebieten der Welt. »Wo bleibt die Humanität? Ist der Mensch zum Tier geworden?«, fragt man sich. Aber auch: Wo bleibt der Aufschrei der Welt, wenn Bomber gezielt Schulen, Kindergärten und Krankenhäuser angreifen, wie es in Syrien und im Jemen geschehen ist.

Die Kinder in einer wiederaufgebauten Schule in Mossul umringten mich und erzählten mir von ihren Erlebnissen. Sie waren im Keller mit ihren Eltern und hörten die Sirenen und Bombenangriffe. Dann wurden sie von den IS-Kämpfern entdeckt und auf das Dach der Häuser gesetzt, um im Bombenhagel zu sterben. Aber die Hoffnung stirbt zuletzt, und Mossul lebt wieder. Kinder wollen leben und lernen. Eine der ergreifendsten Szenen bei meinem Besuch bei Kindern in Mossul, die ihren Weg zurück ins Leben finden, sind die Kriegszeichnungen, die sie mir zeigen.

Unsere Hilfe wirkt. Wir fahren durch die zerbombte Stadt, und ich sehe Bilder, wie sie vielen von uns aus dem Zweiten Weltkrieg noch im Kopf sind. Eine grüne Leitung geht durch die vollkommen zerstörte Stadt durch Schutt und Asche. Ich frage nach. Es ist eine Wasserleitung, finanziert mit deutschem Steuergeld. Gebaut vom UNHCR, UNICEF und der Welthungerhilfe. Ich sehe Kinder mit Wasserkübeln an Zapfstellen in langen Schlangen anstehen. Leben keimt wieder auf in einer totgebombten Stadt. Unser Programm »Cash for Work« hilft. Ich spreche mit Überlebenden, die mit Händen und Schaufeln den Dreck und den Schutt wegräumen. Die Menschen sind voller Hoffnung, umringen mich und danken Deutschland und der Bundesregierung dafür, dass wir sie nicht alleine lassen und nicht vergessen.

Dringend benötigt wurde zum Beispiel das jetzt errichtete Container-Notfallkrankenhaus. Es ist unbeschreiblich, was die Helfer der UN-

Organisationen, aber auch deutsche NGOs, die Welthungerhilfe und viele andere hier leisten. Ich treffe insbesondere junge Frauen und Männer der deutschen Hilfsorganisationen, die kein Risiko scheuen, in der zerstörten Stadt Lebens- und Überlebenshilfe zu leisten. Sieben Jahre ist es her, dass der Papst seinen bewegenden Aufruf an die Weltöffentlichkeit richtete, nicht die Augen zu verschließen und keine Kultur der Gleichgültigkeit zuzulassen. Es ging damals um die Katastrophe vor Lampedusa, als Hunderte im Mittelmeer ertranken. Was hat sich seitdem verändert? Wurde reagiert oder die Lage einfach ignoriert? Manchmal könnte man verzweifeln.

Meine Gespräche im griechischen Flüchtlingscamp Moria mit einer Gruppe schwangerer afrikanischer Frauen lässt mich bis heute nicht los. Auf der Flucht von Afrika über das Mittelmeer sind die Frauen schwanger geworden. Jeder kann sich vorstellen, unter welchen Umständen dies geschehen ist. Die Frauen sitzen zusammengekauert in einer dunklen Ecke. Ich frage nach medizinischer Grundversorgung und wo sie ihre Babys geboren haben. Die furchtbare Antwort: »Hier im Container.« In einer acht mal vier Meter großen Stahlkiste, belegt mit 25 Personen.

Mein Hilferuf an die EU-Kommission, in Griechenland sofort helfend einzugreifen, wurde ignoriert. Die Verhältnisse haben sich verschlimmert, und leider muss ich erkennen, dass häufig erst die Katastrophen abgewartet werden, bevor schließlich Hilfe ankommt. »Wir können ja nicht die ganze Welt retten«, wird mir auch in der Politik entgegengehalten. Das ist richtig, aber Griechenland liegt mitten in der EU. Es ist unerträglich, dass jahrelang die Zuständigkeiten von einer zur anderen Behörde geschoben werden. Es ist blamabel und beschämend, was geschieht.

Jedes afrikanische Flüchtlingslager ist besser versorgt als dieser Ort hier. Dabei denke ich an eines der größten Flüchtlingslager der Welt, das Lager im kenianischen Dadaab, in dem 400 000 afrikanische Flüchtlinge aus Somalia seit Jahren leben, oder an Gambella in Äthiopien an der Grenze zum Südsudan, wo 350 000 Flüchtlinge angekommen sind. Die Grundversorgung ist in all diesen afrikanischen Camps besser als hier mitten in Europa.

In Gambella konnte ich zusammen mit meinem Kollegen Bundesminister Hubertus Heil den Grundstein für eine neue Schule setzen, gemeinsam mit Menschen für Menschen, der Stiftung des verstorbenen Gründers Karl-Heinz Böhm, der die Not gesehen und Helfen zu seinem Lebensprinzip gemacht hat. Jeder, der einmal vor Ort in die Augen der Kinder und Flüchtlinge geblickt hat, kann nicht mehr einfach zur Tagesordnung übergehen. Unsere Hilfe wirkt. Die 350 000 südsudanesischen Flüchtlinge leben in einfachen Hütten, haben Wasser und Grundversorgung. Deutschland tut viel, und dafür bin ich unendlich dankbar. Dankbar, dass der Haushalt des Bundesentwicklungsministeriums in der Kanzlerschaft Merkel in den vergangenen sechs Jahren nahezu verdoppelt wurde.

50 Prozent unserer Haushaltsmittel gehen in Krisenregionen und sind Hilfe zum Überleben. Beispielsweise im Sahel, wo Terroristen morden, aber auch der Klimawandel zuschlägt und die Lebensgrundlage der Menschen vernichtet. Niamey ist die schockierende Hauptstadt von Niger, umgeben von Slums, Elend und Not. Aber auch von aufkeimender Hoffnung und Zuversicht. Durch unsere Hilfen für Schulen und Infrastruktur wurde eine Perspektive für die Menschen geschaffen. Mit wenig Geld kann hier viel erreicht werden, 50 Cent pro Tag retten ein Menschenleben. Ein Kind kann damit wenigstens notdürftig versorgt werden.

UN-Generalsekretär António Guterres hat es auf den Punkt gebracht: Mit zehn Milliarden Dollar jährlich an humanitärer Hilfe könnten wir in allen Krisenregionen der Welt und bei allen Naturkatastrophen von Haiti bis zum Jemen, vom Südsudan bis nach Syrien das Überleben der Kinder und Menschen sicherstellen.

Wie beschämend ist es, dass nur fünf Milliarden Dollar im Topf des UN-Generalsekretärs sind. Wie unerträglich, dass jedes Jahr sogenannte Geberkonferenzen stattfinden müssen, damit der Topf für humanitäre Hilfe gefüllt wird.

Den reichen Staaten der Welt muss klar sein: Helfen sie nicht vor Ort, wird gestorben, oder Menschen machen sich auf die Flucht. Auch und gerade in Richtung Europa. Als Sofortmaßnahme muss ein UN-Krisenfonds mit zehn Milliarden Euro eingesetzt und von den Staaten gemäß ihrer Wirtschaftskraft aufgefüllt werden.

Deutschland geht voran, zusammen mit den USA, Großbritannien, Frankreich – vier Geber in der Welt leisten nahezu 90 Prozent der humanitären Hilfe. Wo bleiben zum Beispiel die reichen Ölstaaten? Sage und schreibe 200 Milliarden Dollar investiert Katar in den Bau von acht supermodernen, klimatisierten WM-Stadien in der Wüste. Die Ausrichtung der Fußballweltmeisterschaft ist diesem Land diese unvorstellbare Summe wert.

Ich habe mich für einen Boykott der WM in Katar ausgesprochen. Es ist nämlich nicht die Frage, ob die Weltgemeinschaft imstande ist, die Not und das Elend zu besiegen, sondern die, ob sie es will. Überall in der Politik höre ich den Ruf nach höheren Militärausgaben. 1700 Milliarden Dollar weltweit werden heute in Militär und Rüstung investiert, 170 Milliarden in humanitäre Hilfe und Entwicklungszusammenarbeit. Wir könnten und können Kriege verhindern durch Einsatz und Engagement vor Ort. Ich bin nicht naiv. Aber wo es nichts zu essen gibt, Elend und Not herrschen, ist der Boden für Radikalisierung und Terrorismus gelegt.

In der Zentralafrikanischen Republik erzählten mir französische Soldaten davon, dass Kinder mit dem Versprechen, einen Dollar pro Tag als Sold zu bekommen, als Kindersoldaten rekrutiert werden. Das sind schreckliche Wahrheiten.

Blicken wir nach Syrien. Dort starben seit Ausbruch des Krieges 500000 Menschen. Sieben Millionen Menschen sind seit Jahren auf der Flucht und leben auf Zeltplanen im Freien oder in Flüchtlingscamps. In Syrien erlebte das Land vor Ausbruch des fürchterlichen Krieges die seit 100 Jahren schlimmste Dürrekatastrophe. Kein Regen, kein Wasser, sterbende Ziegen- und Schafsherden. Hunger, Elend und Not waren die Folge und einer der Auslöser für Bürgerkrieg und Terrorismus.

Mit keinem Gedanken möchte ich die Schreckensherrschaft von Baschar al-Assad relativieren, aber in vielen Krisenregionen der Welt bauen sich Kriege im Vorfeld jahrelang über Krisen und Versorgungsengpässe auf. Wir sehen das in der Sahelregion. Ich besuchte in Maiduguri im Nordosten Nigerias ein Flüchtlingscamp vornehmlich von Frauen und Kindern, geflohen vor Boko-Haram-Terroristen. UNICEF setzt hier ein Aussteigerprogramm für Boko-Haram-Kämpfer um. Ich traf tatsächlich auf 80 Aussteiger, Jungs im Alter zwischen 15 und 25 Jahren. Im Vieraugengespräch schilderte mir ein 16-jähriger Junge seinen Weg. In der Schule wurde er angesprochen mitzumachen bei Boko Haram für einen Dollar am Tag auf die Hand, Essen und ein Gewehr. Vier Jahre zogen sie in Gruppen übers Land und lebten im Wald. In der Gruppe herrschen strenge Hierarchien, die Anführer entführen Mädchen und Kinder (siehe Bild). Bei Überfällen auf Dörfer wird gemordet ohne Rücksicht – Christen und Muslime, Frauen, Kinder und Alte. Die Beute wird verteilt. Nach vier Jahren fand er dieses Leben unerträglich, floh und ging zurück in sein Dorf, wo er ins Gefängnis kam. Als er der Gewalt abschwor, kam er ins Aussteigercamp und lernt dort nun das Schneiderhandwerk. Er sagt mir, für viele Boko-Haram-Kämpfer seien es Armut, Hunger, keine Arbeit, die sie bewegten, in den Terrorgruppen mitzumachen. Ein Weg zurück ist für die meisten nicht möglich, werden sie doch häufig gezwungen, Gräueltaten auch im eigenen vertrauten Umfeld zu begehen. Die Jungs im UNICEF-Camp haben es geschafft. Investitionen in Überleben vor Ort, Beseitigung von Hunger und Ausbeutung sowie Lebensperspektiven sind der Schlüssel, um Terrorismus zu verhindern. Wir müssen in dieser vom Klimawandel hart betroffenen Sahel- und Tschadregion mehr investieren – in den Aufbau von Landwirtschaft, Schulen und Jobs.

Die Weltgemeinschaft schaut allzu häufig nur zu. Bis es fünf nach zwölf ist und damit eigentlich zu spät – und dann?

Sieben Millionen Menschen in Syrien sind auf der Flucht und leben schon ein Jahrzehnt im Zelt, im Dreck. Hunderttausende von Kindern wurden dort geboren. Deutschland handelt hier als humanitäre Großmacht, und darauf können wir alle stolz sein. Eine Million Flüchtlinge aus Syrien hat der kleine Libanon mit 4,5 Millionen Einwohnern aufgenommen. Eine Million sind nach Jordanien und über eine Million vor dem IS-Terror und dem Krieg in den Nordirak geflüchtet, 3,5 Millionen in die Türkei.

Rund um Dohuk im Nordirak, das in etwa so groß wie Augsburg ist, leben 300 000 Flüchtlinge in 26 Camps, und das mittlerweile seit acht Jahren. Ein besonderes Schicksal trifft dabei die verfolgte Gruppe der Jesidinnen und Jesiden. Für immer in meinem Gedächtnis bleibt die Begegnung mit einem Bürgermeister und drei jesidischen Frauen. Der örtliche Generalkonsul hatte mich eingeladen und die Frauen gefragt, ob sie mir im persönlichen Gespräch ihr Schicksal schildern wollten. Zwei der jungen Frauen hatten am Tag vor dem Gespräch erfahren, dass sie schwanger sind. Schwanger durch Vergewaltigung von IS-Terroristen. In einem Raum des Generalkonsulats in Dohuk traf ich auf die Frauen und den Bürgermeister ihres Dorfes. Sie konnten mir nicht in die Augen schauen. Sie können keinem Mann mehr in die Augen schauen nach allem, was ihnen angetan wurde.

Nach einem Jahr Terrorlager des IS konnten sie entkommen. Entkommen wohin? Vergewaltigt als Jesidin heißt auch, verstoßen zu sein, aus der Familie und dem eigenen Dorf, vertrieben, heimatlos, hoffnungslos. Eine der Frauen erzählte mir, dass sie erst vor kurzem in Dohuk angekommen ist und noch fünf Tage Kontakt zu ihrer Schwester und Mutter über das Handy hatte. Mutter und Schwester waren zurückgeblieben in einem der Vergewaltigungslager des IS. Erschütternd und fürchterlich auch die Erzählung des Bürgermeisters, der die Frauen begleitete. »Wir konnten entkommen«, begann er seine

Schilderung. Auf meine Frage, wie es ihm gehe, sagte er: »Darüber habe ich noch nicht nachgedacht. Dazu bin ich noch nicht gekommen.« Und dann erzählte er sein Schicksal. Als Bürgermeister musste er auf Befehl der IS-Terroristen, die aus der direkten Nachbarschaft kamen und das Dorf überfielen, alle 1200 Menschen des Ortes auf dem Sportplatz antreten lassen. Rechts die Frauen, links die Männer. »Wollen Sie weitererzählen?«, fragte ich ihn, als ich sah, dass allen Anwesenden im Raum die Tränen kamen. »Ja«, sagte er, »die Welt muss diese schrecklichen Verbrechen erfahren.« Die Männer des Dorfes wurden erschossen. Darunter vier seiner Söhne. Die Frauen wurden getrennt nach Alter. Die älteren Frauen, darunter seine Frau, wurden ebenfalls erschossen. Die jüngeren Frauen wurden anschließend den IS-Kämpfern als Trophäen zugewiesen. Unter Triumphgeschrei und mit wehenden IS-Fahnen wurden allein aus diesem Dorf über 400 Mädchen und Frauen verschleppt. Verschleppt in Vergewaltigungslager des IS.

Welches Schicksal diese Frauen erleben mussten, hat Friedensnobelpreisträgerin Nadia Murad der Welt berichtet. Noch heute sind Tausende von Frauen verschollen und verschwunden. Die Gewalttaten gegen die Jesidinnen und Jesiden sind ein grauenhaftes Verbrechen gegen die Menschheit, ein Genozid der heutigen Zeit. Sie dürfen nicht vergessen, sie müssen gesühnt und aufgearbeitet werden. Und die Verbrecher müssen bestraft werden. Deutschland unterstützt die Dokumentation der Vorgänge und die Verfolgung der Verbrecher. Wir helfen aber vor allem auch den schwer traumatisierten Frauen. Baden-Württemberg hat 1200 von ihnen aufgenommen. In Dohuk konnten wir unter anderem mit dem von Düzen Tekkal, einer unglaublich mutigen Frau, gegründeten Verein »Háwar« ein spezielles Traumazentrum aufbauen, um den Frauen vor Ort Hilfe zu geben. »Hat Hilfe überhaupt einen Zweck?«, werde ich immer wieder gefragt. Am Beispiel des Schicksals der Jesidinnen und Jesiden beantwortet sich die Frage von selbst. Wir helfen den Opfern und stabilisieren die Region.

Kann sich einer eine Stadt in Deutschland vorstellen, in deren Umgebung 300 000 Flüchtlinge in 26 Flüchtlingscamps untergebracht sind? Unter Beteiligung des örtlichen Gouverneurs stabilisieren wir mit den UN-Organisationen die Lage. Die Versorgung in den Camps ist ausreichend, aber natürlich nicht gut. Ein Lichtblick ist jetzt die Eröffnung des mit Mitteln der deutschen Entwicklungszusammenarbeit gebauten Notfallkrankenhauses, das die medizinische Grundversorgung für Extremfälle bietet. Wir investieren zugleich in den Aufbau der Wasserversorgung und der Abwasser- und Müllbeseitigung.

Im Libanon kam es zu einer Regierungskrise, weil die Bürgermeister und Verantwortlichen nicht mehr imstande waren, den Müll zu beseitigen. In der Bekaa-Ebene habe ich ein Flüchtlingslager – Zelte, die auf einem Acker aufgeschlagen waren – besucht. Eine Mutter mit sieben Kindern, das jüngste zwei Jahre, das älteste nur noch mit einem Bein, sagte, nachdem sie mir ihr Schicksal berichtet hatte: »Wir sind so unendlich dankbar, dass wir hier überleben dürfen.« Sie dankt dem libanesischen Staat und ebenso Deutschland.

Viele in Deutschland denken, die Menschen wollen alle zu uns. Nein, das Gegenteil ist der Fall. Auf meine Frage, wie ihre Zukunft aussieht und was sie sich wünscht, war die Antwort der Frau: Frieden und die Möglichkeit, in ihre Heimat, also nach Syrien, zurückzukehren. Natürlich nur unter der Voraussetzung von garantierter Sicherheit und Schutz vor Verfolgung durch das Assad-Regime. Hierum bemühen sich die UN in Verhandlungen mit dem Assad-Regime. Rückkehr in die Heimat ist der drängendste Wunsch aller Flüchtlinge. Allerdings bekomme ich auch zu hören: Noch einmal zehn Jahre halten wir auf Zeltplane und Ackerboden in Nässe und Kälte nicht mehr durch. Vor allem junge Männer sagen mir sehr deutlich: »So wie uns die Welt hier im Stich lässt, bleibt uns nur die Chance der Flucht. Auch wenn wir dabei sterben müssen.«

Ein besonderes Zeichen der Hilfe und Unterstützung kommt von deutschen Kommunen. Inzwischen haben nahezu 1000 Kommunen

Partnerschaften mit Krisen- und Kriegsregionen übernommen, darunter fünf Gemeinden aus meiner Heimat im Westallgäu, die sich zusammengeschlossen haben und in Zeltschulen für Kinder investieren.

Die Schulen befinden sich im Libanon und führen Unterricht zum Teil im Dreischichtbetrieb durch. Es war beeindruckend zu sehen, wie gerade im Libanon muslimische Mädchen und Jungen zusammen mit Christen friedlich und fröhlich dem Unterricht folgen und auf eine bessere Zukunft hoffen. Unsere Hilfe vor Ort wirkt. Jeder Euro ergibt Sinn und eröffnet Perspektiven auf ein neues und besseres Leben. Die Flüchtlings- und Krisenländer der Welt sind zur Kooperation bereit.

Wir haben ein Programm »Perspektive Heimat« aufgelegt. Dieses Programm fördert berufliche Ausbildung und die Rückkehr Hunderttausender Binnenvertriebener, zum Beispiel im Irak. Firmen wie die unterfränkische Trockenbaufirma Knauff richten mit unserer Unterstützung Ausbildungsstätten für Trockenbau, Maurer und Handwerker ein. Hier muss noch viel mehr geschehen, aber es gibt diese Zeichen der Hoffnung, wie das Programm »Perspektive Heimat« zeigt.

Das Programm ist ein Angebot an die Flüchtlingsfamilien vor Ort und in Deutschland zur Rückkehr in ihre Heimatländer. Keiner, der zurückkehrt, muss als verlorener Sohn oder verlorene Tochter zurückkehren. Unsere Programme und die Migrations- und Ausbildungszentren in zwischenzeitlich zehn Ländern vermitteln Hilfe, Ausbildung und Arbeitsplätze. Ziel ist es, in Zusammenarbeit mit den örtlichen Verwaltungen Strukturen einer Arbeitsvermittlung aufzubauen. Deutschland allein kann jedoch die Herausforderungen nicht bewältigen.

Die Wiederaufbauleistung in den Kriegs- und Krisengebieten, insbesondere im Irak und in Syrien, ist eine gesamteuropäische Aufgabe. Es muss und wird ein Schwerpunkt der nächsten Jahre sein, hier neue Akzente zu setzen. Die Europäische Union darf sich nicht auf sich selbst zurückziehen. Das Schicksal der Kriegsflüchtlinge ist erschütternd, und die Diskussion in Europa dreht sich im Kreis. Abschottung,

Grenzen und Mauern zu bauen kann nicht die Lösung sein. Ich weiß, dass wir das Leid und das Elend der Flüchtlinge nicht durch Aufnahme in Deutschland und in Europa lösen können. Deutschland leistet zu Hause und in den Flüchtlings- und Krisenregionen sehr viel, wohingegen die Europäische Union bisher bei der Lösung der Herausforderungen nahezu versagt hat. Die Seenotrettung wurde weitgehend eingestellt, das Mittelmeer ist wieder zu einem Meer des Todes geworden, auch die Mittel für Entwicklungszusammenarbeit und humanitäre Hilfe sind nicht ausreichend. 10 000 neue Stellen soll es für den Aufbau der europäischen Grenzsicherung unter dem Namen »Frontex« geben. Auch ich bin der Meinung, dass eine unkontrollierte Zuwanderung und ein Flüchtlingsdruck wie 2015 sich nicht wiederholen dürfen.

Blicken wir auf die aktuellen Zahlen, so kommen bei uns insbesondere Menschen aus Syrien, dem Irak, aber auch aus Afghanistan, Russland und osteuropäischen Ländern an. Sie bedürfen anderer Antworten als die aus afrikanischen Ländern zu uns kommenden Menschen. Nigeria und die Staaten der Sahelzone sind an der Spitze der afrikanischen Flüchtlingsländer, liegen aber anteilig unter 10 Prozent aller in Europa ankommenden Geflüchteten. Boko Haram im Norden Nigerias und andere Terrorgruppen lösen Angst und Schrecken in der Sahelregion aus. Es ist richtig, dass Deutschland einen Beitrag zur Sicherheit vor Ort leistet, deutsche Soldaten aber zu einem robusten Einsatz zu schicken, halte ich für falsch. Wir müssen diese Region durch den Ausbau unserer wirtschaftlichen Zusammenarbeit stabilisieren. Die Unterstützung Frankreichs muss insbesondere über eine europäische Initiative und die Stärkung und Befähigung der Afrikanischen Union erfolgen. Afrika kann befähigt werden, seine Krisen- und Kriegsregionen selbst zu befrieden.

Hoffnung und Zuversicht geben Beispiele wie Äthiopien. Abiy Ahmed, der neue äthiopische Ministerpräsident, hat den Kriegszustand mit Eritrea beendet, und das Land hat auch ganz erheblich zur Krisenbewältigung im Südsudan und im Sudan beigetragen, wo nach

30 Jahren Schreckensherrschaft unter Umar al-Bashir jetzt neuer Aufbruch herrscht, der Hoffnung macht. Dennoch, die Lage ist nach wie vor instabil. Umso wichtiger bleibt, die politische und wirtschaftliche Zusammenarbeit mit den Staaten Afrikas auszubauen. Immerhin finden 90 Prozent der Flüchtlinge und Migranten Schutz und Zuflucht in einem Nachbarland, wie eben in Äthiopien oder in Kenia.

Entscheidend für die Zukunft Europas ist also, die politische und wirtschaftliche Zusammenarbeit mit dem afrikanischen Kontinent auszubauen. Noch nie zuvor hat ein Regierungschef dies zu einem Schwerpunkt seiner Regierungsarbeit gemacht, wie dies Bundeskanzlerin Merkel in den vergangenen Jahren getan hat. Beim Afrika-Gipfel in Deutschland brachten die afrikanischen Staats- und Regierungschefs ihren Dank zum Ausdruck, aber auch ihre Hoffnung, Deutschland und Europa als starken Wirtschaftspartner für den Weg in die Zukunft zu gewinnen. Genau hier liegt der notwendige Paradigmenwechsel in der Sicht und Bewertung des afrikanischen Kontinents. Afrika ist eben nicht der Kriegs- und Krisenkontinent, als den die deutschen Medien ihn bevorzugt darstellen. Afrika ist ein Chancen- und Zukunftskontinent. Ich habe 44 der 54 afrikanischen Länder besucht und bin jedes Mal voller Hoffnung und Zuversicht zurückgekommen.

Globale Lieferketten fair gestalten

- 10 Prozent der Menschen verfügen über mehr als 90 Prozent des weltweiten Vermögens.
- Über 70 Millionen Kinder arbeiten unter ausbeuterischen Bedingungen.
- Weltweit arbeiten 450 Millionen Menschen in globalen Lieferketten.
- 50 Cent kosten die Rohbohnen für ein Kilogramm Kaffee in Westafrika.
- Die Kaffeesteuer in Deutschland von 2,90 Euro pro Kilo muss abgeschafft werden.
- Eine Jeans wird für sechs Dollar in Bangladesch hergestellt.
- Der Mindestlohn einer Textilarbeiterin/Näherin in Äthiopien liegt bei 25 Euro im Monat.
- Der Grüne Knopf ist das staatliche Textilsiegel für Textilien, hergestellt auf der Basis sozialer und ökologischer Mindestanforderungen.

Wir leben in einer Zeit, in der die Kluft zwischen Arm und Reich weltweit wieder größer wird. 10 Prozent der Menschen verfügen über mehr als 90 Prozent des Vermögens. Im Vermögensbereich haben sich groteske Verhältnisse entwickelt, wie die britische Hilfsorganisation Oxfam immer wieder herausstellt. Demnach gibt es acht Menschen auf der Welt, die sich ebenso viel teilen wie die gesamte arme Hälfte der Menschheit.

Doch es geht nicht mehr nur um die Kluft zwischen Industrieländern auf der einen und Schwellen- und Entwicklungsländern auf der anderen Seite. Auch in den ärmsten Ländern der Welt gibt es Millionäre und Milliardäre, die viel stärker in die Verantwortung für das Gemeinwohl in ihren Heimatländern genommen werden müssten. Niemand hat ein Recht auf Wohlstand, aber jeder hat ein Recht auf ein Leben in Würde. Dies muss besonders den herrschenden Eliten in vielen Ländern Afrikas klar und deutlich gesagt werden. Es gibt Gewinner und Verlierer der Globalisierung, dies gilt für das eigene Land, aber ganz besonders in der Völkergemeinschaft.

Das europäische Sozial- und Ökomodell von Polen bis Portugal und von Sizilien bis Skandinavien ist eine Erfolgsgeschichte. Heute haben wir in der Europäischen Union einheitliche Standards vom Mutterschutz bis zum Mindestlohn, von der Kranken- und Unfallversicherung bis zu den Renten. Wir schaffen nicht gleiche, aber doch vergleichbare Standards. Dies sind Mindeststandards, die ein Existenzminimum, ein würdiges Leben ermöglichen. Ebenso ist die Umsetzung von Umweltgesetzen in der Europäischen Union wichtige Grundlage ökologisch nachhaltiger Produktion. In der Europäischen Union finanzieren dabei die reicheren EU-Staaten die Transformationsleistung der weniger reichen EU-Länder mit, und zwar über Zahlungen aus dem EU-Haushalt. Dies war und ist eine Win-win-Situation für alle, Basis für Gerechtigkeit und sozialen Frieden. Wer heute in Europa Gewässer-, Luft- und Bodenqualität mit dem Zustand um das Jahr 1990 vergleicht, wird erkennen, dass die EU weltweit ein ökosoziales Vorzeigemodell ist.

Das war ja nicht immer so. So steht der schlesische Weberaufstand Mitte des 19. Jahrhunderts exemplarisch für die Unterjochung und Verarmung von Menschen durch die beginnende Industrialisierung. Die Arbeiterinnen und Arbeiter waren damals nicht mehr bereit, 14 Stunden am Tag ohne vernünftige Löhne, Arbeitsstandards und Lebensbedingungen zu schuften. Die Arbeiterinnen und Arbeiter organisierten sich. Die Arbeitervereine waren Vorläufer der 1890 gegründeten SPD.

Reichskanzler Otto von Bismarck reagierte mit ersten Schritten zur Umsetzung einer Sozialgesetzgebung. Deutschland war Vorreiter beim Aufbau eines staatlichen Sozialsystems. Diese Gesetze wurden letztendlich 1911 in der Reichsversicherungsordnung – dem Kernstück des deutschen Sozialrechts – zusammengefasst. Heute haben wir in Deutschland eine der modernsten und anspruchsvollsten Sozialgesetzgebungen der Welt. Davon können die Arbeiterinnen und Arbeiter in den Entwicklungsländern nur träumen. Arbeitsbedingungen wie bei uns im 19. Jahrhundert bilden heute die Realität für Hunderte Millionen Frauen und Männer in der Welt. Hungerlöhne in Textilfabriken, Zwangsarbeit in Minen oder Steinbrüchen, Kinderarbeit auf Baumwollfeldern, Bananen- oder Kakaoplantagen. Über 70 Millionen Kinder arbeiten unter ausbeuterischen, gefährlichen Bedingungen. Und wir? Wir leben weit weg davon. Wir tun so, als ob wir von alledem nichts wüssten und es uns nichts anginge. Zugleich profitieren wir von dieser Ausbeutung von Mensch und Natur. Unser Wohlstand und viele Produkte des täglichen Konsums und Lebens bauen auf der Ausbeutung der Menschen und der Natur in entfernten Ländern auf.

Wir genießen den Kaffee aus Brasilien, kaufen Bananen aus Mexiko, laufen täglich über Pflastersteine aus Indien. In unseren Autos und Handys steckt Kobalt, Coltan, Kupfer aus den kongolesischen Minen. Weltweit arbeiten etwa 450 Millionen Menschen in globalen Wertschöpfungsketten für Produkte, die selbstverständlicher Bestandteil unseres Lebens sind. Die Industriestaaten haben weite Teile der Produktion outgesourct, wie man es neudeutsch nennt. In den Produktionsketten werden soziale und ökologische Standards, wie sie in Deutschland und in Europa selbstverständlich sind, häufig unterlaufen, um Kosten zu sparen und Produkte vor Ort billigst einzukaufen und zu produzieren und bei uns die Konsumentenpreise niedrig zu halten.

Ich war auf den Plantagen und habe mir die Arbeits- und Lebensbedingungen genau erklären lassen. Bei herkömmlichem Kaffee, wie wir ihn in Deutschland kaufen, kommen nur circa 5 bis 8 Prozent des Endpreises beim Bauern vor Ort an. Wir zahlen acht oder zehn Euro für das Kilo Kaffee in Berlin oder München, davon bleiben nur etwa 50 Cent für das Rohprodukt vor Ort für die Familien auf den Plantagen. Die Kinder müssen mitarbeiten, damit überhaupt ein existenzsicherndes Einkommen für die Familien erzielt werden kann. Warum müssen Kinder auf den Plantagen der Anbauländer für unseren Genuss von Kaffee arbeiten? Die Antwort ist ganz einfach: In den Märkten zählt letztlich vor allem der Preis, und viele Konsumenten nutzen billige Angebote, auch wenn die keinen fairen Preis für das Rohprodukt am Anfang der Lieferkette in Äthiopien oder in den westafrikanischen Ländern zur Voraussetzung haben. Bei fair gehandeltem Kaffee sieht die Rechnung bereits anders aus. Immerhin 25 Prozent des Endpreises bleiben bei den Familien in den Anbauländern. Das heißt, wir können den Status quo verändern und müssen es deshalb auch tun. Kaffee, Kakao und andere Produkte, die ihren Ursprung in den Entwicklungsländern haben, sollten nur dann auf unseren Märkten verkauft werden dürfen, wenn soziale Mindeststandards bei der Entlohnung beachtet wurden. Nur so erreichen wir faire Einkommen vor Ort und nachhaltigen Anbau. Leider erschweren die Regeln der Welthandelsorganisation (WTO) die Durchsetzung solcher naheliegenden Anforderungen. Und freiwillig mehr zu bezahlen findet nur wenig Zuspruch bei den Konsumenten. Eine höchst unerfreuliche Situation.

Kaffee ist das Lieblingsgetränk der Deutschen, noch vor Mineralwasser und Bier. Wir konsumieren im Durchschnitt pro Kopf etwa 160 Liter im Jahr. Leider sind erst 12 Prozent des deutschen Kaffees im Sinne der Nachhaltigkeit zertifiziert. Jetzt starten wir in Äthiopien einen neuen nachhaltigen Anbau im Distrikt Nono Sele. Wir unterstützen Äthiopien, aber auch andere Länder, beim Aufbau einer Global Coffee Platform. Die Kleinproduzenten müssen sich zusammenschließen, um stärkere Marktmacht zu erzielen. Letztlich sind faire Mindestabnahmepreise das Ziel. Davon sind wir aktuell aber weit entfernt. Derzeit liegen die Kaffeepreise sogar 30 Prozent unter dem Zehnjahresdurchschnitt, so tief wie seit 50 Jahren nicht mehr – wir kennen ähnliche Erscheinungen auf dem deutschen Milchmarkt. Die Erlöse decken die Produktionskosten nicht mehr. Durch den Preisverfall ist die Lebensgrundlage vieler kaffeeproduzierender Familien, insbesondere der Millionen Kleinbauernfamilien, gefährdet. Die Folgen sind Armut, Hunger, ausbeuterische Kinderarbeit und Migration in die Städte oder nach Europa.

Nicht weniger dramatisch ist die Situation in der **Kakaoproduktion**. Weltweit arbeiten 5,5 Millionen Menschen direkt im Kakaoanbau und schaffen damit für 40 Millionen Menschen eine Lebensgrundlage. Auch der Anbau von Kakao erfolgt zu 90 Prozent in kleinbäuerlichen Betrieben. Wir in Deutschland konsumieren im Durchschnitt zehn Kilogramm Schokolade und kakaohaltige Lebensmittel im Jahr. Deutschland ist drittwichtigster Importeur von Rohkakao, die Mitgliedstaaten der EU zusammen sind der größte Importeur, Hersteller und Verbraucher von Kakao und Schokoladeprodukten – und damit Abnehmer von rund 60 Prozent der weltweiten Rohkakaoimporte. Als Nachfrager finanzieren wir damit große Teile der Produktion, tragen aber auch eine zentrale Verantwortung für die Umsetzung menschenrechtlicher, sozialer und ökologischer Grundstandards in der Lieferkette. Auch bei Kakao sind die Weltmarktpreise niedrig wie nie. Ursachen sind nicht nur ein globales Überangebot, sondern auch Spekulationen an der Börse. Teilweise führt der massive Handel von Rohstoffen zu einer gewünschten Stabilisierung der Preise, teilweise treibt er aber auch die Preise in ungerechtfertigter Weise nach unten. Die Preisfestsetzung liegt nämlich in der Hand weniger großer Unternehmen und einiger Spekulanten. Wir dürfen die Exzesse eines solchen Marktgeschehens nicht einfach hinnehmen. Es darf nicht sein, dass die Familien als Tagelöhner auf den Plantagen am Anfang der Kette im Sinne eines »Vogel friss oder stirb« mit einem Einkommen von 50 Cent abgespeist werden.

Die Kaffeesteuer in Deutschland tut ihr Übriges: Verbleiben 50 Cent pro Kilo Kaffee vor Ort in den Lieferländern, so schlägt der deutsche Staat 2,90 Euro pro Kilo geröstetem Kaffee an Kaffeesteuer obendrauf. Die Kaffeesteuer entstand im 17. Jahrhundert in Preußen als Einfuhrzoll. Heute nimmt der Finanzminister mehr als eine Milliarde Euro aus der Kaffeesteuer ein. Als Sofortmaßnahme muss die Kaffeesteuer für fair gehandelten Kaffee abgeschafft werden. Noch einmal: Wir brauchen Mindestabnahmepreise vor Ort, damit die Familien ein existenzsicherndes Einkommen erhalten.

Ein weiteres Beispiel für unfair gestaltete Lieferketten ist die **Lederproduktion** (siehe Bild). Bei meinem Besuch in Äthiopien war ich schockiert über die Verhältnisse in einer lokalen Gerberei: Dort sah ich eine Lederherstellung für Europas Schuhproduktion auf niedrigstem Niveau der Arbeitsbedingungen. Die Frauen arbeiten in einer alten Produktionshalle neben einer stinkenden Chemiebrühe, aus der giftige Dämpfe entweichen. Zwölf Stunden Handarbeit am Tag für 50 Cent. Natürlich war klar, dass die Gerberei im Vorfeld meines Besuches gereinigt wurde. Auch wurden Handschuhe und Mundschutz ausgegeben. Der Botschaftsmitarbeiter, der wenige Tage zuvor vor Ort war und meinen Besuch ankündigte, hat die tatsächlichen Verhältnisse gesehen.

Haben wir uns jemals gefragt, woher das Leder für unsere Schuhe kommt? Mir ist bei meinem Besuch vieles klar geworden. Der Besitzer der Gerberei sagte mir, dass wir Europäer die Situation ändern könnten, indem wir höhere Preise beim Einkauf bezahlen. Der Einkaufspreis für Leder für ein Paar Schuhe liege bei vier Dollar. »Gebt mir sechs oder acht Dollar«, so sein Appell, »und ich verändere die Arbeitsbedingungen für die Menschen hier.« Wir fuhren weiter zu einer Textilfabrik. Der Großteil unserer Kleider wird heute in asiatischen Ländern, in Bangladesch oder in Äthiopien produziert. Das katastrophale Unglück von Rana Plaza mit über 1100 Toten vor einigen Jahren war für mich der Anlass zur Gründung des deutschen Textilbündnisses.

Ich besuchte die Überlebenden von Rana Plaza, und sie schilderten mir die fürchterlichen Arbeitsbedingungen in den Fabriken Bangladeschs. Einiges hat sich seitdem zum Guten verändert. Aber nur durch Druck, Transparenz und Öffentlichkeit. Mit dem deutschen Textilbündnis ist es uns gelungen, 50 Prozent der deutschen Textilbranche dafür zu gewinnen, sich ökologischen und sozialen Standards in der gesamten Lieferkette zu verpflichten, die von unabhängigen Experten festgelegt wurden. Das Textilbündnis zeigt, dass man Standards in einer gesamten Lieferkette umsetzen kann. Das Bündnis zeigt aber auch, wie mühselig ein solcher Prozess unter den heutigen Marktgegebenheiten ist.

Wussten Sie, dass in Deutschland jeder Bürger im Durchschnitt 60 Kleidungsstücke im Jahr kauft? Weltweit werden jährlich 80 Milliarden Bekleidungsteile gekauft. 75 Millionen Menschen, der Großteil Frauen, arbeiten in der Textil- und Modebranche. Mit Abstand am schlechtesten bezahlt werden die Arbeiterinnen in Äthiopien. Deshalb wandert immer mehr Produktion in dieses Land. Eine ungelernte Näherin in Äthiopien erhält einen Stundenlohn von 20 Cent, arbeitet zwölf Stunden täglich und kommt auf einen Monatslohn von weniger als 50 Dollar. Mit diesem Einkommen lebt sie in Armut und Not, kann ihre Familie nicht über Wasser halten, die Kinder nicht zur Schule schicken und benötigte Medikamente nicht bezahlen. Wir können dies ändern und wir ändern dies. Die Mitglieder im deutschen Textilbündnis haben sich verpflichtet, am Anfang der Lieferkette auskömmliche Mindestlöhne zu bezahlen. Das Ziel muss sein, überall existenzsichernde Löhne zu erreichen. Die Mindestlöhne in den wichtigsten Textilexportländern liegen heute bei 340 Dollar im Monat in der Türkei, bei 95 Dollar in Bangladesch und bei 26 Dollar in Äthiopien. Damit liegen diese noch weit entfernt von einem existenzsichernden Einkommen für die Familien.

Zusammen mit Arbeitsminister Hubertus Heil komme ich in der Textilfabrik in Äthiopien an. Diesmal haben wir eine Firma ausgesucht, die für Lidl in Deutschland produziert und sich den Standards des deutschen Textilbündnisses verpflichtet. Wir werden von der Vertretung der Arbeitnehmer empfangen. Es gibt einen Betriebsrat, der Monatslohn liegt in dieser Firma zwischenzeitlich bei 150 Dollar, bei gleichen, am Schwarzen Brett veröffentlichten Lohngruppen für Männer und Frauen. Wir sind skeptisch, und ich frage eine Arbeiterin unter vier Augen, ob der Betrieb sich ganz bewusst auf unseren Besuch vorbereitet hat. Nein, sagt sie, es habe sich tatsächlich grundlegend etwas verändert, und sie seien dafür dankbar, dass deutsche Firmen auf Standards Wert legen und dafür auch einen höheren Einkaufspreis bei den Produkten bezahlen. Ich gehe in den Showroom, in dem die fertigen T-Shirts und Jeans aushängen. »Was kostet hier ein T-Shirt im Einkauf?«, frage ich. Lidl bezahlt 1,20 Dollar bis 1,50 Dollar, so die Antwort, eine Jeans koste im Einkauf sechs bis acht Dollar. Es gebe inzwischen langfristige Lieferverträge, bessere Konditionen, und damit könnten die Arbeiterinnen und Arbeiter fair entlohnt werden.

Es ist uns bewusst, dass wir in einer Vorzeigefirma waren. Dennoch zeigt dieses Beispiel, dass es möglich ist, höhere Standards in der Produktion umzusetzen. Nicht nur soziale Standards, sondern auch ökologische Standards für die Produktion sind Grundvoraussetzung, um Kooperationspartner für das deutsche Textilbündnis zu sein.

Wussten Sie, dass 20 Prozent der aus industriellen Abflüssen herrührenden Wasserverschmutzung auf das Färben und Veredeln von Textilien zurückgeht? Ungefiltert laufen weltweit die Abwässer von

Tausenden von Textilfabriken in die Flüsse. Die Textilbranche ist heute der zweitgrößte Wasserverschmutzer der Welt. Der Anteil des Bekleidungs- und Schuhsektors an den weltweiten Treibhausgasemissionen liegt bei 8 Prozent. 25 Prozent der weltweit verwendeten Insektizide kommen bei der Baumwollproduktion zum Einsatz. Diese Fakten zeigen, wie dringend es einer Umsetzung von ökologischen Standards in den Lieferketten bedarf. Alle Textilhersteller im Textilbündnis haben sich verpflichtet, 180 giftige Chemikalien aus ihrer Produktion zu verbannen. Bis 2025 soll die Baumwolle für in Deutschland verkaufte Produkte zu 80 Prozent aus nachhaltiger Produktion stammen.

Das Textilbündnis ist die Grundlage für den Grünen Knopf, das staatliche Textilsiegel für sozial und ökologisch verträglich hergestellte Textilien. Um den Grünen Knopf zu erhalten, müssen Unternehmen insgesamt 46 anspruchsvolle Sozial- und Umweltkriterien einhalten, die von unabhängigen Prüfstellen kontrolliert werden. Wer heute Kleidungsstücke mit dem Grünen Knopf kauft, dem wird garantiert, dass in der Herstellung das Verbot von Kinder- und Zwangsarbeit und die Zahlung von Mindestlöhnen umgesetzt ist, Grenzwerte für Abwasserbelastung eingehalten und keine gefährlichen Chemikalien eingesetzt werden und vieles mehr.

Diese Standards müssen selbstverständlich werden für alle Produkt- und Lieferketten, die ihren Ursprung in Entwicklungsländern haben und dann bei uns in Europa in den Supermärkten und Kaufhäusern enden.

»Werden die Produkte dann nicht wesentlich teurer?«, werde ich immer wieder gefragt. Am Beispiel der Jeans lässt sich das leicht erklären. Eine Markenjeans wird heute in Bangladesch für fünf bis sechs Dollar Produktionskosten gefertigt und auf dem Markt angeboten. Die Umsetzung der von uns geforderten ökologischen und sozialen Standards in den Produktionsfirmen verteuert die Jeans um ein bis zwei Dollar. Das heißt, sie kostet im Einkauf dann nicht sechs, sondern acht Dollar und wird wie bisher in München oder Berlin für 50, 100 oder 150 Dollar verkauft. Es muss möglich sein, dass wir diese zwei Dollar am Anfang der Kette bereit sind zu bezahlen. In unserer globalen Welt muss jeder seinen Teil der Verantwortung übernehmen, und Herkunftsländer müssen Menschenrechte schützen und Produktionsstandards umsetzen. Unternehmen in Deutschland und Europa müssen hohe Standards in ihren Lieferketten sichern, und Konsumenten sollten fair einkaufen.

Wer zum Beispiel Bananen für unter einem Euro das Kilo kauft, nimmt Kinderarbeit auf den Plantagen in Kauf. Fragen Sie nach, greifen Sie nach zertifizierter Ware. Die öffentliche Hand sollte vorangehen und ihre enorme Marktmacht nutzen, um fairen Einkauf zur Grundlage öffentlicher Beschaffung zu machen: in den Kommunen, Krankenhäusern, Schulen bis hin zu den Ministerien. Wir werden Standards durchsetzen. Sollte dies nicht auf der Basis von Freiwilligkeit möglich sein, sind gesetzliche Regeln notwendig. Ein Lieferkettengesetz in Deutschland und in Europa muss den verbindlichen Standard für alle festlegen.

Mittlerweile kommt große Unterstützung auch von den Unternehmen selbst, die nach einem verbindlichen Rechtsrahmen für alle rufen. Über faire Handelsketten können wir große Entwicklungssprünge und Investitionen in den Herkunftsländern auslösen. Uns tut es nicht weh, wenn wir zwei Euro mehr für die Jeans bezahlen. Es hilft aber Millionen von Frauen, Kindern und Familien in den Produktionsländern. Wir können es keinen weiteren Tag zulassen, dass Kinder ihrer Zukunft beraubt werden, weil sie für uns für Hungerlöhne in Plantagen und Fabriken arbeiten müssen.

Ich halte es für meine Pflicht, die Verhältnisse deutlich zu benennen, weil ich der Überzeugung bin, dass wir Armut, Hunger und Not am besten durch faire Handels- und Lieferbedingungen überwinden können, was für Millionen von Menschen und vor allem für die Kinder ein besseres Leben bedeuten würde.

Ein letztes Beispiel: Ich liebe Bananen und wollte unbedingt einen Vergleich haben mit Kaffee-, Kakao- und Baumwollplantagen und besuchte eine Bananenplantage in **Mexiko**. Deutschland ist drittgrößter Importeur von Bananen weltweit. Mehr als 8 Prozent der importierten Bananen stammen aus Südamerika, ein Teil aus Westafrika. Wir wurden mit Freude von der mexikanischen Kooperative empfangen: »Ein deutscher Minister interessiert sich für uns – was wollen Sie wissen und sehen?« Wir haben bewusst einen Betrieb ausgesucht, der zu einer Kooperative – oder wie wir es nennen würden: zu einer Genossenschaft – gehört. Ich wollte sicher sein, dass ich die echten Produktionsbedingungen zu sehen bekomme. Wir gingen ein Stück in die Plantage hinein, und allein vom Gehen und Stehen waren wir nass geschwitzt.

Bananen wachsen und reifen an der Pflanze in etwa zwei Meter Höhe. Dort werden sie mit einer Machete geschlagen, nicht einzeln, sondern in einem sogenannten Korb, der circa 20 Kilo schwer ist. Die Menschen tragen diesen Korb zur nahe gelegenen Sortier- und Waschanlage, wo die Bananen für einen deutschen Supermarkt verpackt werden. Und nun kam die spannende Frage: »Was bekommen Sie für ein Kilo Bananen im Einkauf hier auf der Plantage?« Zehn bis 15 Cent pro Kilo werden bezahlt. Der Lohn der Arbeiter beträgt circa sechs bis acht Euro am Tag, was bei weitem nicht existenzsichernd ist. Ich habe den deutschen Lebensmittelhandel aufgerufen, Bananen, aber auch andere Produkte aus den Entwicklungsländern nicht mehr als Lockangebot zu nutzen und faire Preise in der Kette zu bezahlen. Ich freue mich, dass einige, darunter auch große Supermarktketten und Discounter, jetzt darauf eingehen. Armut und Hunger würden beendet, wenn wir einen fairen Handel, das heißt faire und existenzsichernde Preise und ökologische Standards am Anfang der Lieferketten, garantieren. Dann könnten die Entwicklungsländer in den Aufbau von verarbeitender Industrie und in die Steigerung der Wertschöpfung investieren. Deshalb ist mir dieses Thema politisch so enorm wichtig.

Europa als internationale Gestaltungsmacht stärken

- Deutschland umfasst heute noch etwas mehr als ein Prozent der Weltbevölkerung, die EU 6 Prozent.

- Als zweitgrößte Volkswirtschaft der Welt muss die EU Gestaltungskraft in einer globalisierten Welt übernehmen.

- Europa ist eine Werteunion und steht für Frieden, Freiheit und Menschenrechte.

- Afrika ist Chance und Herausforderung für den europäischen Kontinent. Notwendig ist ein Jahrhundertvertrag der EU mit Afrika zur Gestaltung der zukünftigen Partnerschaft.

Deutschland umfasst heute noch etwas mehr als ein Prozent der Weltbevölkerung, die 27 Mitgliedstaaten der EU 6 Prozent.

Die Bevölkerungsgewichte verschieben sich. Jeder zweite Weltbürger ist heute ein Asiate, und besonders dynamisch wächst der afrikanische Kontinent. Dennoch ist die Europäische Union die zweitgrößte Volkswirtschaft der Welt, der europäische Binnenmarkt sowohl für die USA wie für Russland und China der wichtigste Markt. Diese wirtschaftliche Stärke muss Europa auch politisch in die Gestaltung einer globalisierten Welt einbringen. Der Aufstieg Chinas, die neue Rolle der USA und der Kurs Russlands erfordern mehr denn je ein einiges Europa.

Die Europäische Union als internationale Gestaltungsmacht handlungsfähig zu machen und zu stärken, dazu gibt es keine Alternative. Drängende wirtschaftliche Herausforderungen, der Erhalt des Friedens und der Sicherheit, Klimaschutz, Migration, Afrikapolitik und vieles mehr erfordern gemeinsame europäische Antworten.

Doch Europa ist mehr als die Europäische Union. Es steht für Frieden, für eine christliche, jüdische, abendländische Kultur und Tradition. Der Humanismus, die Wahrung der Menschenrechte, Demokratie, Rechtsstaatlichkeit, Freiheit und Toleranz sind das Wertefundament, dem sich 47 Staaten und 820 Millionen Bürger im Europarat verpflichtet haben.

Europa ist eine Werteunion. Diese Werte haben Strahlkraft, und die Idee der Menschenrechte ist tief verwurzelt in der westlichen Kultur. Auch und gerade eine globalisierte Welt bedarf geistig-moralischer Grundlagen. Der weltweite Markt und Handel braucht verbindliche soziale und ökologische Regeln und Standards zur Wahrung grundlegender Menschenrechte, kultureller Besonderheiten und zum Schutz der globalen Güter und der ökologischen Ressourcen des Planeten. China, USA, Russland, Afrika und Asien sind für uns wichtige Partner. Zur Wahrung unserer Interessen ist mehr denn je ein handlungsfähiges Europa notwendig.

Wir brauchen ein einheitliches Auftreten in Welthandelsfragen, einen neuen Impuls für eine europäische Sicherheits- und Verteidigungspolitik, gemeinsames Handeln beim Klimaschutz, in der Forschungs-, Außen- und Entwicklungspolitik. Dafür muss die Lähmung der Handlungsfähigkeit durch das Einstimmigkeitsprinzip der EU überwunden werden. Da sich die 27 Mitgliedstaaten auf weitere Schritte absehbar nicht einstimmig verständigen werden, müssen Frankreich und Deutschland – was auch nicht einfach sein wird – die Initiative ergreifen und in wichtigen Fragen vorangehen. Es ist nun einmal die Erfahrung der letzten Jahrzehnte, dass die Vertiefung der Zusammenarbeit in der EU mit der Erweiterung schwierig geworden ist.

Sosehr die Erweiterung der Europäischen Union um die zehn mittel- und osteuropäischen Staaten im Jahr 2004 als Erfolgsgeschichte zu betrachten ist, so deutlich müssen wir zur Kenntnis nehmen, dass unsere osteuropäischen Partner mit ihren historischen Erfahrungen zu vielen Themen ganz eigene Vorstellungen einbringen. Um die Handlungsfähigkeit in zentralen Kernfragen darunter nicht dauerhaft einzuschränken, brauchen wir ein Modell variabler Geschwindigkeiten in einem Europa der konzentrischen Kreise. Das bedeutet, einzelne Staaten gehen in wichtigen Politikfeldern in der Vertiefung der Zusammenarbeit voran, so wie es schon bei der Währungsunion, der ja nicht alle EU-Staaten angehören, praktiziert wird. In der Flüchtlings-, Migrations- und Asylpolitik muss dieses Prinzip jetzt zu Lösungen der drängenden Fragen führen. Gerade also keine unkontrollierte Zuwanderung mehr wie im Jahr 2015, die in Deutschland einen tiefen Vertrauensverlust der Bürgerinnen und Bürger bewirkt hat, sondern Handlungsfähigkeit im Rahmen eines gemeinsamen europäischen Ausländer-, Flüchtlings- und Zuwanderungskonzepts ist gefragt. Die freien Grenzen innerhalb der EU sind ein hohes Gut, setzen aber eine Vereinheitlichung in diesen Rechtsbereichen voraus, um die jahrelange Lähmung und die beschämende Diskussion über Verteilungsquoten von Flüchtlingen zu beenden.

Ein anderes Feld ist der Aufbau wirksamer europäischer Verteidigungsstrukturen. Mit der Europäischen Verteidigungsgemeinschaft, wie sie 1952 vorgeschlagen wurde, sollte eine europäische Armee geschaffen und damit auch eine weitere Einigung Europas besiegelt werden. Das Projekt scheiterte 1954 im französischen Parlament. Deutschland wurde NATO-Mitglied. Die heutigen Vorschläge einer verstärkten Zusammenarbeit insbesondere des europäischen Pfeilers der NATO sind zwar richtig, aber nicht ausreichend. Notwendig ist auch hier eine neue Initiative zur Stärkung der Zusammenarbeit der europäischen NATO-Partner. Die erreichbaren Effizienzgewinne und damit die Erhöhung der Wirksamkeit einer gemeinsamen europäischen Verteidigungsstruktur sind entschieden höher als die ständige Erhöhungen der Militärausgaben für die verschiedenen Teilarmeen Europas. Die Rüstungsspirale muss gestoppt werden. 1998 lagen die weltweiten Militärausgaben bei 1014 Milliarden Dollar. Sie sind bis zum Jahr 2018 auf 1800 Milliarden Dollar gestiegen. Allein die USA haben ihren Rüstungsetat auf jetzt 750 Milliarden Dollar erhöht. Die europäischen Mitgliedstaaten der NATO gaben 2019 300 Milliarden Dollar für Rüstung und Militär aus, Deutschland lag bei 48 Milliarden Euro. China rüstet ebenfalls auf und lag 2019 mit 181 Milliarden Dollar auf Platz zwei und übertrifft Russland mit 62 Milliarden Dollar.

Ich führe diese Zahlen an, da sie zeigen, wie sehr die Rüstungsspirale in den letzten Jahren nach oben geschraubt wurde. Ich bin fest davon überzeugt, dass wir inzwischen eine Grenze überschritten haben und eine weitere Erhöhung der Verteidigungsausgaben, wie sie zum Beispiel vom amerikanischen Präsidenten stets eingefordert wird, nicht zum Ziel von mehr Stabilität und Frieden in der Welt führen wird. 1800 Milliarden Dollar weltweit für Rüstungs- und Militärausgaben stehen 170 Milliarden Dollar für humanitäre Ausgaben und Entwicklungszusammenarbeit gegenüber. Dies ist ein krasses Missverhältnis und wird den Aufgaben der Friedens- und Entwicklungszusammenarbeit in keiner Weise gerecht. Die Umsetzung des 0,7-Prozent-Ziels für Entwicklungszusammenarbeit ist heute wichtiger als je zuvor.

Die veränderte globale Situation erfordert auch, wie schon mehrfach gesagt, eine Neubestimmung des europäischen Verhältnisses zu Afrika. Mit Afrika verbindet Europa eine politische, kulturelle, geschichtliche und geografische Dimension, die sich heute in einer neuen Qualität der Zusammenarbeit darstellen sollte. Der Folgevertrag für das Cotonou-Abkommen von 2000 sollte ein Jahrhundertvertrag zwischen der Europäischen und der Afrikanischen Union werden mit Regeln für eine vertiefte, möglichst verbindliche Partnerschaft zur gemeinsamen Verteidigung einer werte- und regelbasierten multilateralen Weltordnung und zur Umsetzung der in der Agenda 2063 der AU niedergelegten Ziele. Notwendig ist die Vernetzung der Institutionen und die Gründung eines EU-Afrika-Rates, um alle Politikbereiche einzubeziehen. Europa sollte eine groß angelegte europäische Investitions- und Technologieinitiative ergreifen, um die Wirtschaft in den afrikanischen Ländern zu unterstützen, Hunger und Armut zu bekämpfen und eine umfassende Ausbildungsinitiative zur Berufsausbildung der afrikanischen Jugend auf den Weg zu bringen. Gemeinsam ist das Ziel der Begrenzung der Erderwärmung, und dies kann nur erreicht werden mit dem Aufbau erneuerbarer Energiestrukturen auf dem afrikanischen Kontinent.

Die Corona-Pandemie in ihren dramatischen Auswirkungen zeigt uns die Grenzen und Gefahren der Globalisierung auf. Da ist zum einen der Schutz der Bevölkerung vor globalen Infektionsrisiken, die absolute Notwendigkeit der Grundversorgung mit Lebensmitteln und lebenswichtigen Medikamenten, Medizingeräten und Schutzausrüstung im eigenen Land, zum anderen die gestiegene Abhängigkeit der heimischen Industrie von globalen Lieferketten.

Europa wird seine Industrie- und Handelspolitik neu definieren müssen, um gefährliche Abhängigkeiten zu vermeiden und seine Interessen im Konzert der Weltmächte wirkungsvoll wahrzunehmen.

Das ist alles andere als einfach, während die USA und China mit ziemlicher Härte ihre Interessen verfolgen und um die Vormachtstellung ringen. Wir müssen in diesem Kontext auch unsere digitale Souveränität behalten und dürfen dafür den großen, weltweit dominierenden Monopolunternehmen des Silicon Valley und den nach Dominanz strebenden chinesischen Staatsunternehmen, die die Chance eines Staatskapitalismus konsequent zu nutzen suchen, nicht die digitale Weltherrschaft überlassen.

Die digitale Welt braucht dringend neue, globale Regeln. Jedem ist klar, dass Deutschland, Frankreich, Ungarn, Italien allein bei diesen neuen Herausforderungen überfordert sind. Es ist nicht einmal klar, ob Europa als Ganzes genügend Gewicht besitzt. Ich bin aber der festen Überzeugung, dass es zu einem schnellen Vertrauenszuwachs in die europäische Politik kommen wird, wenn die Europäische Union Handlungsfähigkeit zeigt. Die Stärkung der Rechte und Kernkompetenzen Europas sollte mit einer Beschränkung in der Detailregulierung unserer Länder durch die EU einhergehen. Die Brüsseler Kommission hat in den vergangenen Jahrzehnten ihren Anspruch einer nahezu vollkommenen Totalharmonisierung bei der Umsetzung der Verhältnisse im Rahmen der Binnenmarktgesetzgebung überzogen.

Ich muss einem Dorfbürgermeister recht geben, der kritisiert, dass nunmehr eine Brüsseler Richtlinie dazu führt, dass ein jahrhundertealtes Wassereinzugsgebiet, welches Trinkwasser für das Dorf liefert, aufgrund von Vorgaben aus Brüssel nicht mehr legitim ist. Vereinheitlichung und Harmonisierung von Portugal bis Polen, von Skandinavien bis Sizilien ist nicht der Weg. Der sogenannte *Acquis communautaire*, die Gesamtheit des für alle Mitgliedstaaten gültigen EU-Rechts, umfasst zwischenzeitlich 150 000 Rechtsakte des Sekundär- und Tertiärrechts. Unabhängig davon, dass kein Mensch diese Verordnungen im Detail mehr überblicken kann, stellt sich die Frage nach dem Sinn der Regelungstiefe, die Brüssel mittlerweile etabliert hat. Wir brauchen ein starkes Europa in Kerngebieten, aber keinen Superstaat. Es wäre hilfreich, sich wieder stärker auf den Ordnungsgrundsatz der Subsidiarität zu besinnen. Was vor Ort in den Mitgliedstaaten auf lokaler und regionaler Ebene sinnvollerweise geregelt werden kann, sollte auch dort geregelt und nicht durch eine europäische Vorgabe bestimmt werden. Der Binnenmarkt kennt nicht nur das Prinzip der Harmonisierung, sondern auch das Prinzip der gegenseitigen Anerkennung.

Trotz allem aber ist die Europäische Union ein Rechtsraum von einmaliger und herausragender Qualität für die Bürgerinnen und Bürger. Nirgendwo auf der Welt gibt es so hohe soziale und ökologische Standards, wie wir sie besitzen, ein vergleichbares Transfer- und Ausgleichsmodell zwischen ärmeren und reicheren Regionen und Staaten, Transferleistungen zur Stützung der Landwirtschaft, zum Abbau von Jugendarbeitslosigkeit und zum Erhalt der ökologischen Vielfalt. Obwohl immer noch mehr geht, können wir stolz sein auf das Erreichte. Gleichzeitig steht das Wertefundament Europas für ein Weltethos, dessen gerade eine globalisierte Welt bedarf – ein Wertekonsens zur Wahrung von Menschenrechten, Demokratie, Rechtsstaatlichkeit, Freiheit und Toleranz.

Die Welt ist handlungsfähig – die Agenda 2030

- Mit der Agenda 2030 hat sich die Weltgemeinschaft einen Weltzukunftsvertrag gegeben.

- Die 17 Ziele für nachhaltige Entwicklung (SDG) sind die Handlungsziele für eine gerechte, friedliche und nachhaltige Weltordnung.

- Um die SDG bis 2030 zu erreichen, werden die bisherigen Anstrengungen nicht genügen.

- Erfolgen bei der Armutsbekämpfung und im Gesundheitsbereich stehen Negativtrends bei der Bekämpfung von Hunger, im Klimaschutz und beim Erhalt der Biodiversität gegenüber.

Die Weltgemeinschaft hat sich mit der Agenda 2030, den Sustainable Development Goals (SDG), eine ehrgeizige Entwicklungsagenda gegeben. Eine Welt ohne Hunger, mit Zugang zu Gesundheitsversorgung, hochwertiger Bildung und sauberem Wasser – für alle. All dies soll erreicht werden bis 2030 – das ist die Botschaft dieser Zukunftsvision der Weltgemeinschaft. Bis 2030 sind es allerdings nur noch zehn Jahre. Es ist bei wissenschaftlichen Beobachtern allgemeiner Konsens, dass die Ziele auf dem jetzigen Niveau des Einsatzes bis 2030 nicht umgesetzt werden können. Vielleicht sind sie bis 2050 erreichbar. Deutliche Verbesserungen der internationalen Zusammenarbeit und weitere Durchbrüche in der Technik sind dafür unbedingte Voraussetzung. Ziel muss es sein, durch einen Entwicklungspakt der Reichen mit den Armen aufgrund eines gemeinsamen Interesses an einer guten Zukunft für die Welt weitere Quantensprünge zu ermöglichen.

Wie sieht es nun aktuell mit der Umsetzung der Agenda 2030 aus, wenn man eine weltweite Bestandsaufnahme versucht, ohne sich in Details zu einzelnen Staaten zu verlieren?

Agenda 2030 – Stand der Umsetzung[2]

SDG 1 – Keine Armut

Der Anteil der Menschen, die in extremer Armut leben, fällt weiterhin, wenn auch inzwischen wieder langsamer. 6 Prozent der Menschen werden 2030 voraussichtlich immer noch in extremer Armut leben, was einer Verfehlung des Zieles gleichkommen würde. Nur 55 Prozent der Weltbevölkerung hatten 2016 Zugang zu sozialen Sicherungssystemen, die einen wichtigen Beitrag zur Reduzierung von Armut leisten können. In Subsahara-Afrika lag der Anteil bei nur 13 Prozent, während in Industriestaaten 86 Prozent der Bevölkerung Zugang zu sozialen Sicherungssystemen haben.

SDG 2 – Kein Hunger

Die über Jahre hinweg erfolgreiche Entwicklung bei der Bekämpfung von Hunger und Mangelernährung setzt sich leider nicht fort.

Der Welthunger stieg 2017 im dritten Jahr in Folge wieder an, es litten 821 Millionen Menschen, also 11 Prozent der Weltbevölkerung, an den Folgen von Hunger. Von 2015 bis 2017 ist die Zahl der Hungernden um 37 Millionen gestiegen. Der Anteil mangelernährter Kinder an der Weltbevölkerung fiel in den letzten Jahren. Dennoch waren im

Jahr 2018 noch 149 Millionen Kinder durch Mangelernährung von Wachstumshemmung betroffen. Trotz der wichtigen Rolle der Landwirtschaft für Armutsreduzierung und Ernährungssicherung sinken die in- und ausländischen Investitionen in dem Sektor stetig.

SDG 3 – Gesundheit und Wohlergehen

Im Gesundheitsbereich wurden seit dem Jahr 2000 große Fortschritte erzielt. So sank zwischen 2000 und 2017 die Kindersterblichkeit um 49 Prozent, die Sterberate der unter Fünfjährigen von 9,8 Millionen auf 5,4 Millionen. Dank der Verbreitung von Impfstoffen stecken sich immer weniger Kinder mit Hepatitis an. Allerdings konnten seit 2015 keine Fortschritte im Kampf gegen Malaria verbucht werden. Die Fortschritte im Gesundheitsbereich sind immer noch begleitet von einem Mangel an Ärzten, Pflegern und Apothekern.

SDG 4 – Hochwertige Bildung

Trotz deutlicher Erfolge bei den Einschulungsraten gingen im Jahr 2017 weltweit noch immer 262 Millionen Kinder zwischen sechs und 17 Jahren nicht zur Schule. Gleichzeitig ist die Qualität des Unterrichts häufig ungenügend – 617 Millionen Kinder und Jugendliche weltweit erlangen die Minimalfähigkeiten in Lesen und Mathematik nicht. Der Anteil der Lehrkräfte, die auch als solche ausgebildet sind, steigt seit 2015 nicht mehr. Global sind nur 85 Prozent der Lehrkräfte für ihre Tätigkeit ausgebildet, in Subsahara-Afrika sogar nur 64 Prozent.

SDG 5 – Geschlechtergleichheit

Weltweit werden weniger Kinderehen geschlossen, wobei die positive Entwicklung vor allem in Südasien stattfindet. Weibliche Genitalverstümmelung geht zurück, allerdings ist die Zahl der registrierten Fälle mit 200 Millionen Mädchen und Frauen immer noch hoch. Frauen haben seit 2010 zwar mehr Bedeutung in Politik und Wirtschaft gewonnen, sind aber immer noch stark unterrepräsentiert. Der Frauenanteil in nationalen Parlamenten stieg zwischen 2010 und 2019 von 19 auf 24,2 Prozent. Frauen bringen durchschnittlich dreimal so viel Zeit für unbezahlte Haus- und Pflegearbeit auf wie Männer. 18 Prozent aller 15- bis 49-jährigen Frauen und Mädchen haben in den vergangenen zwölf Monaten physische oder sexuelle Gewalt erfahren.

SDG 6 - Sauberes Wasser und Sanitäreinrichtungen

In einigen, jedoch nicht allen Bereichen der Wassernutzung hat es in den letzten Jahren Fortschritte gegeben. 2015 haben 91 Prozent der Weltbevölkerung verbesserten Zugang zu Wasserquellen, 785 Millionen Menschen verbleiben ohne diesen Zugang. Allein in den letzten 25 Jahren haben 2,1 Milliarden Menschen eine Versorgung mit verbesserten sanitären Einrichtungen erhalten. Gleichzeitig hat sich der Anteil der Menschen, die offene Defäkation praktizieren, von 27 Prozent auf 13 Prozent halbiert. Jedoch leben bereits heute zwei Milliarden Menschen in Ländern mit erhöhtem Wasserstress. Eine stärkere Berücksichtigung des Verbrauchs natürlicher Ressourcen in der Landwirtschaft, Produktion etc. ist daher dringend notwendig.

SDG 7 - Bezahlbare und saubere Energie

Immer mehr Menschen haben Zugang zu Elektrizität, zudem steigen die Energieeffizienz und der Anteil erneuerbarer Energien. Trotz der Fortschritte sind mehr Finanzierung, breitere politische Verpflichtungen und die stärkere Nutzung moderner Technologien nötig, wenn die SDG bis 2030 erreicht werden sollen. Der Anteil an erneuerbaren Energien in der weltweiten Stromnutzung stieg bis 2016 auf 17,5 Prozent moderat an. Eine verstärkte Bereitstellung und Nutzung moderner erneuerbarer Energiequellen muss dringend gefördert werden. Im Jahr 2017 hatten noch immer fast 840 Millionen Menschen keinen Zugang zu Elektrizität, und drei Milliarden Menschen (39 Prozent der Weltbevölkerung) müssen ohne Zugang zu sauberen Kraftstoffen und Technologien kochen.

SDG 8 – Menschenwürdige Arbeit und Wirtschaftswachstum

Das durchschnittliche Wachstum in den am wenigsten entwickelten Ländern (LDC, Least Developed Countries) lag zwischen 2010 und 2017 durchschnittlich bei 4,8 Prozent – was das in den SDG postulierte Minimum von 7 Prozent weit verfehlt. Die Produktivität ist weltweit wieder so hoch und die Arbeitslosigkeit so niedrig wie vor der Weltwirtschaftskrise. Für 2018 lag die weltweite Arbeitslosenquote bei 5 Prozent, wobei die Arbeitslosenstatistik mit Vorsicht zu bewerten ist. Die realen Arbeitslosenzahlen in LDC-Staaten sind sehr hoch und liegen häufig über 50 Prozent.

SDG 9 – Industrie, Innovation und Infrastruktur

Fast die gesamte Weltbevölkerung hat inzwischen Zugang zu mobilem Internet, 90 Prozent leben sogar in Reichweite zu 3G oder besser. Die Entwicklung des industriellen Sektors kommt hingegen nicht voran, der Anteil stagniert seit 2015 bei 16,5 Prozent. In den am wenigsten entwickelten Ländern (LDC) ist der Anteil der produzierenden Industrie besonders gering. Aufkommende Handelsbarrieren und protektionistische Ansätze behindern Investitionen und künftiges Wachstum.

SDG 10 – Weniger Ungleichheiten

Die Einkommensungleichheit wächst, und das, obwohl das Pro-Kopf-Einkommen der ärmsten 40 Prozent der Weltbevölkerung in den letzten Jahren in mehr als der Hälfte der Länder schneller gewachsen ist als der nationale Durchschnitt.

SDG 11 – Nachhaltige Städte und Gemeinden

Obwohl sich der Anteil der Stadtbewohner, die in Slums leben, seit dem Jahr 1990 auf 23 Prozent halbiert hat, leben absolut gesehen rund eine Milliarde Menschen in städtischen Slums. Dies entspricht jedem vierten Stadtbewohner weltweit. Die städtische Luftverschmutzung stellt für viele Bewohner ein Gesundheitsrisiko dar, neun von zehn Stadtbewohnern weltweit atmen keine saubere Luft entsprechend den WHO-Kriterien. Zu wenige haben zudem Zugang zu Parks und anderen Freiflächen. Bei zwei Milliarden Menschen weltweit wird der Müll nicht abgeholt – ein Problem, das sich verschärfen wird. Laut jüngstem SDG-Fortschrittsbericht wird sich der globale Abfall bis 2050 auf vier Milliarden Tonnen verdoppeln.

SDG 12 – Nachhaltige/r Konsum und Produktion

Der Rohstoffverbrauch steigt – sowohl absolut weltweit als auch pro Kopf. Damit SDG 12 erreicht werden kann, muss die Ressourceneffizienz erhöht, die Verschwendung reduziert und die allgemeine Berücksichtigung von Nachhaltigkeit in allen Wirtschaftszweigen erheblich verbessert werden. Der globale Materialverbrauch steigt noch schneller an als die Bevölkerung und das Wirtschaftswachstum. Im Jahr 2017 erreichte der weltweite Materialverbrauch 92,1 Milliarden Tonnen im Vergleich zu 87 Milliarden im Jahr 2015 und eine Erhöhung um 254 Prozent im Vergleich zu den 27 Milliarden Tonnen im Jahr 1970. Während der Rohstoffverbrauch im Jahr 1990 pro Kopf bei 8,1 Tonnen lag, erreichte er im Jahr 2015 bereits 12 Tonnen pro Person.

SDG 13 – Maßnahmen zum Klimaschutz

Trotz vielfältiger globaler Maßnahmen gegen den Klimawandel schritt dieser auch in den vergangenen Jahren weiter voran. Die globale Durchschnittstemperatur ist um ein Grad höher verglichen mit der vorindustriellen Zeit. Mit steigenden Treibhausgasemissionen vollzieht sich der Klimawandel viel schneller als bisher angenommen, und seine Auswirkungen sind weltweit deutlich zu spüren. Um diese Entwicklung aufzuhalten, muss der CO_2-Ausstoß bis 2030 auf 55 Prozent des Niveaus von 2010 sinken. Weiterhin gilt das Ziel, bis 2050 CO_2-Neutralität zu erreichen.

SDG 14 – Leben unter Wasser

Die jüngsten Erfolge beim Schutz der Weltmeere, zum Beispiel durch eine Ausweitung geschützter maritimer Biodiversitätsgebiete von 31,2 Prozent (2000) auf 45,7 Prozent (2018), werden durch die zunehmend nachteiligen Auswirkungen des Klimawandels, der Überfischung und Meeresverschmutzung gefährdet. Die Versauerung der Ozeane durch die Aufnahme von atmosphärischem CO_2 im Meerwasser ist seit vorindustriellen Zeiten durchschnittlich um 26 Prozent gestiegen. Sollte diese Entwicklung in dem bisherigen Tempo fortschreiten, wird eine Zunahme von 100 bis 150 Prozent bis zum Ende dieses Jahrhunderts erwartet. Inzwischen sind nur noch 66,9 Prozent der weltweiten Fischbestände auf einem biologisch nachhaltigen Level.

SDG 15 – Leben an Land

Es gibt einige ermutigende globale Trends beim Schutz der terrestrischen Ökosysteme und der Biodiversität. Immer mehr Schlüsselgebiete der biologischen Vielfalt stehen unter Naturschutz, und mehr finanzielle Mittel fließen in den Schutz der biologischen Vielfalt. Die Landdegradation dauert an, der Verlust der biologischen Vielfalt schreitet in einer alarmierenden Geschwindigkeit voran, und invasive Arten, illegale Wilderei und Handel mit wild lebenden Tieren vereiteln weiterhin die Bemühungen zum Schutz und zur Wiederherstellung lebenswichtiger Ökosysteme und Arten. Der Rote-Liste-Index, der das Aussterberisiko einer Spezies misst, hat sich um 10 Prozent in den letzten 25 Jahren verschlechtert.

SDG 16 – Frieden, Gerechtigkeit und starke Institutionen

Wenn es darum geht, Gewalt zu beenden und den Zugang zum Rechtsstaat und öffentlichen Institutionen zu stärken, sind Fortschritte ungleich verteilt. Die Zahl der vorsätzlichen Morde pro 100 000 Einwohner stieg von 6 im Jahr 2015 auf 6,1 im Jahr 2017. Der leichte Anstieg ist im Wesentlichen auf eine Erhöhung der Mordrate in Lateinamerika und der Karibik sowie in einigen Ländern Afrikas zurückzuführen. 80 Prozent der weltweiten Mordopfer sind Männer. Tötungen von Menschenrechtsaktivisten, Journalisten und Gewerkschaftern nehmen zu.

SDG 17 – Partnerschaften zur Erreichung der Ziele

2018 sanken die ODA-Leistungen (öffentliche Entwicklungszusammenarbeit) im Vergleich zum Vorjahr inflationsbereinigt um 2,7 Prozent auf 149 Milliarden US-Dollar. Zudem fiel der Anteil, der an die ärmsten Länder ging. Es wird erwartet, dass Rücküberweisungen von Migranten und Migrantinnen an Länder mit niedrigem und mittlerem Einkommen 2019 bis zu 550 Milliarden US-Dollar erreichen und somit höher sein werden als ODA-Leistungen und ausländische Direktinvestitionen zusammen.

In einer Gesamtbetrachtung sind in den vergangenen Jahren leider Rückschritte zu verzeichnen bezüglich entscheidender Themen wie Klimawandel, Energieversorgung und Ernährung. Eine Trendwende kann realistischerweise nur dann erwartet werden, wenn wir wirklich Neues wagen. Hierzu zählt für mich, dass wir einerseits die Landwirtschaft weltweit zum Verbündeten im Kampf gegen den Klimawandel machen und Landwirte für CO_2-Bindung in ihren Böden (Nature-based Solutions) bezahlen und andererseits neuen Technologien im Bereich Energie, also Wasserstoff, Methanol und synthetischen Kraftstoffen, eine Chance geben. In den Sonnenwüsten der Welt hergestellt, bringen sie für Entwicklungs- und Schwellenländer Wertschöpfung.

Entwicklungspolitik ist Friedenspolitik

- Ohne Entwicklung lebenswichtiger Infrastrukturen gibt es in vielen Teilen der Welt keinen Frieden.

- In der Sahelregion leben die Menschen in Armut, der Klimawandel trifft die Landwirtschaft. Hunger, Not und Arbeitslosigkeit sind die Folge und bilden den Nährboden für Bürgerkriege oder terroristische Strukturen wie von Boko Haram.

- Das 0,7-Prozent-Ziel im Bereich Entwicklungsförderung sollte längst erreicht sein. Zur Umsetzung der Agenda 2030 und des Pariser Klimavertrages sind weit höhere Investitionen notwendig.

- Deutschland ist heute zweitgrößter Geber der Welt.

- Mit dem Konzept EZ 2030 liegt jetzt eine Neupositionierung der deutschen Entwicklungspolitik vor.

Es liegt an uns! Trotz der beschriebenen Herausforderungen, Krisen und Probleme ging es den Menschen weit überwiegend noch nie so gut wie heute. Viele tun sich aber schwer, dies zu akzeptieren, weil beim Blick zurück die Verhältnisse gerne verklärt und in den Medien extrem selektiv und negativ berichtet wird. Schlechte Nachrichten verkaufen sich gut. Will man die Lage besser verstehen, lohnt es sich, mit Großeltern und Eltern zum Beispiel über die Nachkriegszeit zu sprechen. Wie schwierig waren die Zeiten, wie groß die Not? Man fragt sich heute, woher die Menschen damals den Mut genommen haben, eine Familie zu gründen und nicht nur zwei, sondern im Durchschnitt vier Kinder großzuziehen.

Ich habe Kindheit und Jugend auf einem kleinen Bauernhof verbracht. Mein Vater, der aus dem Krieg zurückgekehrt war, hatte gewiss einen anderen Lebenstraum gehabt, als auf einer kleinen Landwirtschaft den Wiederaufbau zu betreiben. Aber es gab kaum Alternativen. 1950 kaufte er den ersten Traktor in unserem Dorf. Ich habe noch Bauern erlebt, die mit der Hand das Heu aufluden und Pferde für die Feldarbeit einspannten, da sie sich noch keinen Traktor leisten konnten. Mein Großvater wurde 1879 geboren, also zur Zeit der Erfindung der Glühbirne durch Thomas Alva Edison. Bis zu diesem Zeitpunkt war es in unseren Dörfern und Großstädten nach Sonnenuntergang dunkel und teilweise gefährlich. 1882 war ein magischer Moment, als 36 Bogenlampen in Berlin mit elektrischem Strom betrieben wurden und die bis dahin genutzten Gaslaternen ersetzten. Vor 130 Jahren setzte die Elektrifizierung in Deutschland und Europa ein. Sie war die Voraussetzung für die Entstehung moderner Handwerksbetriebe, den Aufbau der Textilwirtschaft und die Industrialisierung. Friedrich Wilhelm Raiffeisen war ein Pionier der damaligen Zeit. Er gründete erst Hungervereine, später Genossenschaften, zunächst, um Notleidende im Lande zu unterstützen. Später wurden daraus Kreditvereine, Sparkassenvereine. Es wurden die ersten modernen Straßen gebaut. Längst nicht jedes Kind hatte damals die Möglichkeit, ums Eck zur Schule zu gehen.

Mein Vater setzte auf Optimismus und Fortschritt, und so hatten wir im Dorf das erste Auto und ich das Glück, nicht zu Hause auf die Welt zu kommen, sondern als erstes Kind der Familie unter medizinischer Aufsicht im Krankenhaus. Mit dem ersten Fernseher 1960 öffnete sich der Blick in die weite Welt. Und sage und schreibe zu meinem 40. Geburtstag bekam ich mein erstes Handy. Die Arbeit in der Landwirtschaft war hart. Die Erträge bei Getreide, Kartoffeln und Milchleistung entsprachen etwa einem Drittel des heutigen Niveaus. Es herrschten Verhältnisse, wie wir sie heute in Teilen Afrikas als Ausgangslage haben. Noch nie in der Geschichte gab es eine so rasante technologische Entwicklung wie in den vergangenen 60 Jahren. Das Wirtschaftswunder in Deutschland und Europa haben unsere Eltern und Großeltern erarbeitet. Die rasante Entwicklung der Technik kam ihnen dabei zu Hilfe. Nach den Katastrophen von zwei verheerenden Weltkriegen musste Deutschland aus den Trümmern wieder aufgebaut werden.

Ich denke auch an den Vietnamkrieg in den 1970er-Jahren, der Elend und Tod über das Land gebracht hat. Heute gehört Vietnam zu den asiatischen Aufsteigerländern. Ich denke an den Koreakrieg. Südkorea war 1965 eines der ärmsten Agrarländer der Welt und findet sich heute unter den Top Ten der Industrieländer. Am Beispiel von Nord- und Südkorea wird zugleich deutlich, dass es einerseits die Menschen sind, die die Zukunft schaffen müssen, dass aber andererseits die wirtschaftlichen und politischen Rahmenbedingungen eine ebenso zentrale Bedeutung haben, um die Überwindung von Armut, Not, Hunger und Arbeitslosigkeit zu ermöglichen oder zu verhindern. Nordkorea ist auf dem Entwicklungsstand der Fünfzigerjahre zurückgeblieben, obwohl die Menschen dort dieselben Vorerfahrungen hatten wie die Menschen im Süden. Armut, Not und Hunger kennzeichnen bis heute den Lebensalltag in Nordkorea.

Es steckt so viel Potenzial in jedem Menschen, überall auf der Welt. Aber die Erschließung des jeweiligen Potenzials hängt an Voraussetzungen. Ich bin überzeugt, dass alle Menschen in Afrika, Indien und Lateinamerika es irgendwann auch schaffen werden, vor allem, wenn wir sie dabei unterstützen. Das digitale Zeitalter ist dabei eine enorme Chance, macht es doch Wissen in Echtzeit und Zugang zu neuen Technologien, Erkenntnissen der Medizin und der Forschung sehr viel leichter möglich, als das früher der Fall war. Die Chancen für Entwicklungssprünge sind deshalb gewaltig. Der Anteil der Menschen, die ein Mobiltelefon besitzen, lag 1990 noch bei null, heute liegt er bei 70 Prozent. Die Anzahl der Handybesitzer auf dem Globus wächst rasant, am schnellsten in Afrika. Wir nutzen die Chancen der IT-Technologie in derzeit 500 technikbasierten Projekten, zum Beispiel im Aufbau einer Afrika Cloud, in der Entwicklung von E-Learning-Programmen für afrikanische Jugendliche oder der Nutzung von Blockchain-Technologie, um Lieferketten transparent zu gestalten. Besonders ermutigend sind die Erfolge bei der Bekämpfung von Aids, Polio, Tuberkulose und Malaria, wo die Zahl der Todesfälle seit 2000 um die Hälfte zurückging. Die globalen Initiativen wie die Impfallianz GAVI und der globale Fonds zur Bekämpfung von Aids, Tuberkulose und Marlaria haben zusammen mit großartigen Förderern wie Bill und Melinda Gates Sensationelles bewirkt.

Mich persönlich ermutigt trotz aller Defizite die Umsetzungsbilanz der 17 Nachhaltigkeitsziele der UN. Natürlich könnte alles viel besser und schneller vorankommen, und daran müssen wir auch arbeiten. Dennoch: Wir können eine Welt ohne Hunger in den kommenden zehn Jahren erreichen. Die Erde hat schon heute das Potenzial, zehn bis zwölf Milliarden Menschen zu ernähren. Wenn uns Agrarwissenschaftler sagen, dass mit einem Investitionsvolumen von jährlich 30 Milliarden US-Dollar für Technik und Innovation, Fortschritt und Ausbildung in Landwirtschaft und ländlicher Entwicklung dieses Ziel bis 2030 zu erreichen ist, dann müssen wir den Ehrgeiz haben, die Summen auch einzufordern.

Eine große Herausforderung in allen Bereichen ist die explodierende Weltbevölkerung, insbesondere in den Entwicklungsländern und hier besonders in Afrika. Der Gleichberechtigung der Frauen und dem Ausbau von Bildungs- und Gesundheitsstrukturen kommt in diesem Zusammenhang grundlegende Bedeutung zu. Auf diesen Sektoren sind Fortschritte erzielt worden, die aber längst nicht ausreichend sind. Familienplanung muss in allen Partnerländern ein Schwerpunkt der Zusammenarbeit für die Zukunft sein.

Neben der Sicherung der Ernährung ist die Wasser- und Energiefrage die Schicksalsfrage der Menschheit. Nahezu eine Milliarde Menschen haben immer noch keinen Zugang zu Elektrizität, und drei Milliarden Menschen kochen ohne Zugang zu sauberen Kraftstoffen, meistens durch Verbrennung von Holz und Holzkohle. Der Ausbau und die Bereitstellung moderner, erneuerbarer Energiequellen ist in unser aller Interesse. Afrika und Indien müssen die Kontinente der erneuerbaren Energien werden, auch wenn heute die Trends in eine andere Richtung laufen.

Mit unserer Unterstützung, mit unseren Technologien und unserem Wissen und gutem Willen ist viel erreichbar. Groß sind die Herausforderungen zur Schaffung von Zukunftsperspektiven der schnell wachsenden afrikanischen Jugend.

Klar ist: Die Jugend braucht Arbeitsplätze und Jobs und deshalb ist wirtschaftliches Wachstum in den am wenigsten entwickelten Ländern bei weitem nicht ausreichend. Die realen Arbeitslosenzahlen in den LDC-Staaten (Least Development Countries) liegen bei über 50 Prozent. Es herrscht ein starker Druck. Die Jugend sucht die Lösung in der Landflucht und findet sich wieder in städtischen Slums mit Alkohol, Drogen, Prostitution als häufigen Begleitumständen. Auch dafür ist es wichtig, dass die Handelsbeziehungen zwischen den Industrie-, Entwicklungs- und Schwellenländern neu ausgerichtet werden. Die Ausbeutung von Mensch und Natur in globalen Lieferketten muss ein Ende haben. Soziale und ökologische Mindeststandards in den globalen Lieferketten müssen Standard werden und einen Transfer von Reich zu Arm leisten.

Die SDG-Bilanz der letzten Jahre zeigt erste Erfolge auf, beinhaltet aber auch die Mahnung an die Weltgemeinschaft, mehr in Kooperation und Entwicklung zu investieren. Das 0,7-Prozent-Ziel im Bereich der Entwicklungsförderung sollte längst erreicht sein. Für die SDG und das Klima wird mindestens das Doppelte von dem gebraucht, was dieses Ziel liefern würde. Ein Absinken der ODA-Leistungen

(Official Development Assistance) weltweit ist inakzeptabel, ebenso das weitere Auseinandergehen der Schere zwischen Arm und Reich.

Die deutsche Entwicklungszusammenarbeit hat in den vergangenen Jahren eine enorme Dynamik angenommen. Das Haushaltsvolumen hat sich in sechs Jahren nahezu verdoppelt. Mit der Gesellschaft für Internationale Zusammenarbeit (GIZ) und der Kreditanstalt für Wiederaufbau (KfW) als staatlichen Partnern und den vielen privaten Trägern und Nichtregierungsorganisationen in der Welt ist Deutschland zur Entwicklungs- und Friedensnation geworden. Wir haben Großes geleistet und große Erwartungen geweckt. Mit der Neuaufstellung der deutschen EZ wollen wir auch in Zukunft erfolgreich sein.

Entwicklungszusammenarbeit ist heute eine Querschnittsaufgabe in allen Politikbereichen. Das Entwicklungsministerium muss sich zu einem Ministerium für globale Zusammenarbeit weiterentwickeln, benötigt mehr Mitspracherechte und Gesetzgebungskompetenz. Die Welt ist im Umbruch. Ob Klimawandel, Umweltzerstörung, Krisen, Migration oder die stetig wachsende Weltbevölkerung – die Liste der globalen Herausforderungen wird immer länger. Wir müssen noch wirksamer, noch effizienter als bisher die Herausforderungen der Zukunft angehen.

Vier Säulen sind dabei entscheidend. Erstens der weitere Ausbau der öffentlichen Entwicklungszusammenarbeit und die Erreichung zumindest des 0,7-Prozent-Zieles. Deutschland ist heute zweitgrößter Geber weltweit. Unsere Schwerpunkte sind Technologietransfer, Ausbildungspartnerschaft, Investitionen in Gesundheit, Ernährung, Klima und Umweltschutz. Die Aufgaben können nicht allein mit öffentlichen Mitteln bewältigt werden, weshalb – zweitens – der Säule privater Investitionen eine immer größere Bedeutung zukommt, die – drittens – ergänzt werden muss durch den Aufbau fairer Handelsstrukturen. Handel schafft Arbeit und Zukunft und muss sich von den alten Zeiten der Ausbeutung von Mensch und Natur verabschieden. Bei allem stellt sich Erfolg nur dann ein, wenn – viertens – unsere Partner bereit sind, die eigenen Potenziale zu stärken, Korruption zu bekämpfen, Menschenrechte zu achten, Good Governance zur Grundlage der Regierungsführung zu machen.

Wir sind insgesamt auf einem guten Weg. Selbstkritik ist immer angebracht, und es gilt, sich täglich zu verbessern, die Arbeit zu optimieren und noch wirksamer zu gestalten. Mit dem Konzept EZ 2030 habe ich jetzt eine Neupositionierung der deutschen Entwicklungszusammenarbeit auf den Weg gebracht.

Es geht darum Effizienz und Wirksamkeit zu verbessern und stärkeres Gewicht auf die weltweite Länderkooperation und die Kernkompetenzen deutscher Entwicklungszusammenarbeit zu legen. Die Kooperation innerhalb der EU und mit multilateralen Gebern soll erheblich verstärkt werden, und unsere Partnerländer werden mehr als bisher gefordert bei Good Governance, Maßnahmen gegen Korruption, Einhaltung der Menschenrechte. Unsere Entwicklungszusammenarbeit ist erfolgreich und wirkt. Sie bietet Menschen einen Weg aus Armut und Hunger, schafft Beschäftigung und eine Lebensperspektive. Ich würde gerne noch viel mehr bewegen, und dazu ist es wichtig, noch breiteren Schichten in unserer Gesellschaft die enorme Bedeutung von Entwicklungszusammenarbeit zu erklären. Es geht um einen humanitären Auftrag, der den Menschen unserer Partnerländer Lebensperspektive, Gerechtigkeit und Frieden schafft. Es ist ein Auftrag, von dem auch wir selbst profitieren.

Die Bereitschaft in unserer Gesellschaft, Verantwortung zu übernehmen, ist für mich deutlich spürbar. Es sind die vielen kleinen Schritte, die etwas Großes ergeben.

Mein Dank gilt den vielen Tausend Menschen und Organisationen im Land und vor Ort, die sich uneigennützig in den Dienst unserer gemeinsamen Sache stellen, also der Bewahrung der Schöpfung, des Friedens, der Beseitigung von Hunger, Not und Elend.

Lasst uns diesen Weg entschlossen weitergehen.

EPILOG: WISSEN IST NICHT GENUG – WIR MÜSSEN HANDELN. JETZT!

Neue globale Herausforderungen erfordern einen Paradigmenwechsel unseres Tuns

1. Die Bevölkerungsexplosion fordert uns heraus

- Dieses Buch geht von der Grunderkenntnis aus, dass die Weltbevölkerung in den kommenden 30 Jahren um circa 80 Millionen Menschen jährlich wachsen wird. Zwei Drittel des Bevölkerungswachstums findet in den Entwicklungs- und Schwellenländern statt.

- Afrika wird bis 2050 die Bevölkerungsgröße verdoppeln. Europas Schicksal, Risiken wie Chancen, sind eng mit dem afrikanischen Kontinent verbunden.

- Ein neuer EU-Afrika-Pakt muss ein Jahrhundertvertrag werden und vier zentrale Themen umfassen. Er muss erstens ein Pakt gegen Hunger und Armut sein. Zweitens muss die EU den geplanten Green New Deal zu einer Klimapartnerschaft mit Afrika ausweiten. Notwendig ist drittens ein Abkommen der EU mit der Afrikanischen Union über Sicherheit und geregelte Migration, und erforderlich ist schließlich viertens ein Neuansatz für faire Handelsbeziehungen.

2. Eine Welt ohne Hunger ist möglich

- Unser heutiges Wissen und moderne Technologien machen es möglich, eine Welt ohne Hunger zu schaffen. Agrarwissenschaftler halten dafür zusätzliche jährliche Investitionen in Landwirtschaft und ländliche Entwicklung in einer Größenordnung von 30 Milliarden US-Dollar bis zum Jahr 2030 für erforderlich.

- Der Belastungsdruck auf die natürlichen Ressourcen des Planeten steigt gewaltig an. Der Wasserverbrauch hat sich in den letzten fünf Jahren verdreifacht, der CO_2-Ausstoß vervierfacht und die Weltwirtschaftsleistung verzehnfacht. Der Planet hat Grenzen, und seine Ressourcen sind endlich.

3. Klimaschutz: Überlebensfrage der Menschheit

- Der Klimaschutz und das Erreichen des Zwei-Grad-Zieles sind eine Überlebensfrage der Menschheit. Industriestaaten tragen hier eine herausgehobene Verantwortung. Die entscheidende Frage ist, ob sich industrielles Wirtschaftswachstum und daraus resultierende CO_2-Emissionen entkoppeln lassen. Allein um das 1,5-Grad-Ziel zu erreichen, müssten die weltweiten Emissionen bis 2030 um 45 Prozent gegenüber 2010 sinken. Ohne einschneidende Maßnahmen in China, Indien und auf dem afrikanischen Kontinent ist dies nicht zu erreichen. Klimaschutz ist eine internationale Herausforderung und entscheidet sich ganz wesentlich in den Entwicklungs- und Schwellenländern. Notwendig ist ein gezielter Investitions- und Technologietransfer.

4. Globale Verantwortungsethik

- Eine neue Verantwortungsethik und ein Umdenken bezüglich des Wachstums, der Lebensformen und des Konsums sind erforderlich.

- Neue Erkenntnisse, Technologien, Wissens- und Wohlstandstransfer zwischen Reich und Arm sind unabdingbar.

- Wir leben in einem globalen Dorf, alles hängt mit allem zusammen. Dies erfordert ein neues Denken, globale Verantwortungsstrukturen und globale Marktregeln, die den Charakter einer ökologisch-sozialen Weltwirtschaft haben müssen.

- Die globalen Lieferketten sind bisher äußerst ungerecht gestaltet. Die Arbeitslöhne der Näherinnen in Asien und der Arbeiter auf den Kakaoplantagen und in den Coltanminen betragen nur wenige Cent pro Stunde. Wir brauchen faire Lieferketten mit sozialen und ökologischen Mindeststandards entlang der Produktionsketten.

5. Globalisierung gerecht gestalten

- Frieden für das Zusammenleben im globalen Dorf setzt eine gerechte Weltordnung mit einem fairen Interessenausgleich zwischen Arm und Reich, zwischen Industrieländern und Schwellen- und Entwicklungsländern voraus.

- Markt und Wirtschaft, Wachstum und Wohlstand sind kein Selbstzweck. Wirtschaft muss dem Menschen dienen. Unser Tun in Politik, Wirtschaft und Gesellschaft muss in Verantwortung vor der Schöpfung und vor den kommenden Generationen erfolgen. Hierzu zählt auch ein Bekenntnis zu ethischen Grenzen menschlichen Tuns.

- Wir stehen an einer Weggabelung und sind die erste Generation, die den Planeten mit ihrem Konsum und Wirtschaften an den Rand des Abgrundes bringen kann. Wir sind aber auch die erste Generation, die die Möglichkeiten und Instrumente besitzt, eine Welt ohne Hunger zu schaffen und ein Leben in Würde für alle zu ermöglichen.

- Wissen allein genügt aber nicht. Wir müssen Verantwortung übernehmen. Jeder an seiner Stelle. Und wir müssen handeln: jetzt und jeder!

GRUNDSÄTZE FÜR EIN LEBEN IN VERANTWORTUNG IM 21. JAHR-HUNDERT

Wir brauchen dringend eine neue weltweite Verantwortungsethik. Die Menschheit ist aufgefordert, Änderungen insbesondere im Lebensstil, der Produktionsweise und im Konsum vorzunehmen. Wir stehen an einer Weggabelung. Führen wir den Planeten an den Rand der Apokalypse, oder besinnen wir uns. Wir sind die erste Generation, die die Mittel und Technologien besitzt, eine bessere, gerechtere Welt zu schaffen. Wir sind Teil eines großen Ganzen. Jahrmilliarden existiert das Sonnensystem. Lange bevor es den Menschen auf dieser Erde gab, gab es Leben. Als Christen stehen wir in der Verantwortung vor Gott und den kommenden Generationen, die Schöpfung zu bewahren. Nachhaltigkeit muss das Prinzip all unseres Tuns sein: ökologisch, ökonomisch, sozial und kulturell.

Acht Leitmotive für unser Tun

1. Du sollst nicht töten

Christen stehen für Frieden und Versöhnung. Deshalb gilt es, die Weltrüstungsspirale zu stoppen. 1800 Milliarden Dollar pro Jahr für Rüstung und Militär stehen 170 Milliarden Dollar für humanitäre Hilfe und Entwicklungszusammenarbeit gegenüber. Mit einer zusätzlichen Investition von 30 Milliarden Dollar pro Jahr in den nächsten zehn Jahren könnten wir eine Welt ohne Hunger schaffen.

2. Jeder Mensch hat ein Recht auf Leben in Würde

Wir achten jeden Menschen unabhängig von Hautfarbe, Herkunft, Religion, Geschlecht oder ökonomischer Leistungsfähigkeit. Wir stehen für Humanität, Toleranz und Einhaltung der Menschenrechte als

globale Wertegrundlage eines friedlichen Miteinanders, eines Weltethos der Weltreligionen und des interkulturellen Humanismus, die
uns verbinden und verpflichten.

3. Wir kämpfen für Gerechtigkeit

Die Schere zwischen Arm und Reich darf innerhalb unserer Gesell-
schaften, aber auch zwischen Nord und Süd nicht weiter auseinandergehen. Wenn 10 Prozent der Weltbevölkerung heute 90 Prozent des
Vermögens des Planeten besitzen und 80 Prozent der Ressourcen
von 20 Prozent der Menschheit für ihren Konsum- und Lebensstil
verbraucht werden, dann müssen wir diese ungerechten Verhältnisse beseitigen. Die internationalen Märkte brauchen Regeln und
eine Verpflichtung auf soziale und ökologische Mindeststandards,
sie brauchen das Modell einer globalen ökologisch-sozialen Markt-
wirtschaft.

4. Wir müssen neu teilen lernen

Täglich sterben 15000 Kinder. Der Hungerindex weltweit nimmt wieder zu. Es sind schon heute genügend Nahrungsmittel da, um zehn
Milliarden Menschen auf dem Planeten zu ernähren. Aber dafür ist
eine andere Verteilung von Kaufkraft erforderlich. Daran gilt es zu arbeiten und die Augen nicht vor dem Elend zu verschließen.

5. Wir müssen die Schöpfung bewahren

Jahrmilliarden existiert das Sonnensystem. Lange bevor es den Menschen auf dieser Erde gab, gab es das Leben. Wir haben nicht das
Recht, über unsere Verhältnisse und zulasten kommender Generationen zu leben.

6. Der Starke hilft dem Schwachen

Wir müssen die Globalisierung der Gleichgültigkeit überwinden und eine neue Partnerschaft der Reichen mit den Armen, des Nordens mit dem Süden, Europas mit Afrika umsetzen. Eine faire Partnerschaft statt Ausbeutung von Mensch und Natur muss unser Grundsatz sein.

7. Zukunft braucht Werte

Immer mehr, immer weiter, immer schneller – das kann nicht das Grundmotiv unseres Seins und Sinn des Lebens sein. Wir brauchen Frieden mit uns und dem Planeten. Frieden nach innen mit uns selbst und nach außen mit unseren Nachbarn, in der Familie, in der Gemeinde, Frieden unter den Völkern.

8. Religionen müssen zusammenfinden zu einem verbindenden Weltethos zur Schaffung von Frieden und Gerechtigkeit

Die Botschaft muss lauten: Lass niemanden zurück. Der Starke hilft dem Schwachen. Jeder hat ein Recht auf ein Leben in Würde. Wir müssen mutiger, hörbarer und entschlossener auftreten und die Welt zu einem friedlicheren, gerechteren, besseren Ort machen. Und uns selbst dabei nicht so wichtig nehmen, denn es gibt noch einen über uns, der die Dinge lenkt.

»Ich träume davon, dass eines Tages die Menschen sich erheben und einsehen werden, dass sie geschaffen sind, um als Brüder miteinander zu leben. Ich träume auch an diesem Morgen noch davon, dass eines Tages jeder Schwarze in diesem Lande, jeder Farbige der Welt aufgrund seines Charakters anstatt seiner Hautfarbe beurteilt wird und dass jeder Mensch die Würde und den Wert der menschlichen Persönlichkeit achten wird. Ich träume auch heute noch davon, dass eines Tages der Krieg ein Ende nehmen wird, dass die Männer ihre Schwerter zu Pflugscharen und die Spieße zu Sicheln machen, dass kein Volk wider das andere ein Schwert aufheben und dass niemand mehr Krieg lernen wird.«

Marin Luther King, Friedensnobelpreisträger 1964

Anmerkungen

1 Vgl. hierzu Weltagrarbericht, 2018: https://www.weltagrarbericht. de/themen-des-weltagrarberichts/fleisch-und-futtermittel.html, 17.02.2020

2 Angaben auf der Basis von: Vereinte Nationen: »Ziele für nachhaltige Entwicklung. Bericht 2019«, New York 2019, S. 1–61: https://www.un.org/Depts/german/pdf/SDG%20Bericht%20 aktuell.pdf

Quellenangaben zu den Abbildungen

S. 23:   Wachstum der Weltbevölkerung bis 2050, CRP 2019: © richter publizistik, https://crp-infotec.de/ globaler-vergleich-weltbevoelkerung/, 01.07.2019

S. 77:   Pariser Klimaabkommen, Franz Josef Radermacher: *Der Milliarden-Joker*. Hamburg 2019, S. 50

S. 112   © Vatican Media

S. 97–111   © Photothek

Ausgewählte Literatur

Asserate, Asaf-Wossen: *Die neue Völkerwanderung. Wer Europa bewahren will, muss Afrika retten.* Berlin 2016

Caparrós, Martin: *Der Hunger.* Berlin 2015

Claude, Martin: *Endspiel.* München 2015

Dalai Lama: *Das Buch der Menschlichkeit. Eine neue Ethik für unsere Zukunft.* Köln 2000

Ette, Ottmar: *Alexander von Humboldt und die Globalisierung.* Leipzig 2009

Harari, Yuval Noah: *Homo Deus.* München 2017

Hawking, Steven: *Kurze Antworten auf große Fragen.* Stuttgart 2018

Hösle, Vittorio: *Globale Fliehkräfte.* München 2019

Hösle, Vittorio: *Moral und Politik. Grundlagen einer politischen Ethik für das 21. Jahrhundert.* München 1997

Kissinger, Henry: *Welt Ordnung.* München 2014

Kleber, Claus/ Paskal, Cleo: *Spielball Erde. Machtkämpfe im Klimawandel.* München 2012

Köhler, Horst (Hg.): *Schicksal Afrika. Denkanstöße und Erfahrungsberichte.* Hamburg 2010

Küng, Hans: Handbuch Weltethos. *Eine Vision und ihre Umsetzung.* München 2012

Lesch, Harald; Kamphausen, Harald: *Die Menschheit schafft sich ab.* München 2017

Lessenich, Stephan: *Neben uns die Sintflut.* München 2016

Möllers, Nina et al.: *Willkommen im Anthropozän: Unsere Verantwortung für die Zukunft der Erde.* München 2014

Papst Franziskus: *Laudato si'. Über die Sorge für das gemeinsame Haus: Die Umwelt-Enzyklika mit Einführung und Themenschlüssel.* Stuttgart 2015

Radermacher, Franz Josef: *Der Milliarden-Joker.* Hamburg 2019

Radermacher, Franz Josef; Beyers, Bert: *Welt mit Zukunft. Die ökosoziale Perspektive.* Hamburg 2013

Rosling, Hans: *Factfulness.* Berlin 2018

Sacks, Jeffrey D.: *Das Ende der Armut. Ein ökonomisches Programm für eine gerechte Welt.* München 2005

Danksagung

Es ist eine große, ehrenvolle Aufgabe und Verantwortung und ein Privileg, das Amt des Entwicklungsministers ausüben zu dürfen, und dafür bin ich außerordentlich dankbar. Die Begegnungen mit den Menschen in vielen Entwicklungsländern der Welt, das Kennenlernen fremder Kulturen, Ethnien und Religionen haben meine Weltsicht verändert. Wir sind ein globales Dorf, und alles hängt mit allem zusammen. Insbesondere das Schicksal des afrikanischen Kontinents und seiner Menschen bewegt mich. Wir können eine Welt ohne Hunger schaffen, die Erderwärmung begrenzen, das Klima und globale Güter schützen. Wir haben das Wissen und die Technologie dazu, aber Wissen allein genügt nicht. Wir müssen handeln. Jetzt und sofort. Wir stehen dabei in der Verantwortung vor Gott und den kommenden Generationen, unsere Schöpfung zu erhalten. Es ist immer wieder ermutigend, wie viele Organisationen und besonders junge Menschen in der ganzen Welt für diesen Auftrag arbeiten. Ihnen gilt mein ganz besonderer Dank. Danken möchte ich für die großartige Unterstützung meiner Arbeit und bei der Entstehung dieses Buches meiner Frau Gertie. Herr Professor Radermacher, Herr Bert Beyers und Frau Professor Estelle Herlyn haben mich mit ihrer großen Erfahrung und Leidenschaft inspiriert und mich begleitet. Wichtig war mir der Austausch mit Wissenschaftlern und Experten des Club of Rome und erfahrenen Denkern im Senat der Wirtschaft. Der Agentur photothek. net danke ich für die eindrucksvollen Bilder. Mein Dank gilt allen Leserinnen und Lesern, die mit dem Kauf des Buches einen Beitrag zum Aufbau einer Schule in Togo leisten.

Über den Autor

Dr. Gerd Müller ist seit 2013 Bundesminister für wirtschaftliche Zusammenarbeit und Entwicklung, zuvor war er von 2005 bis 2013 Parlamentarischer Staatssekretär im Bundesministerium für Ernährung, Landwirtschaft und Verbraucherschutz, von 1989 bis 1994 Abgeordneter im Europäischen Parlament und ist seit Herbst 1994 Mitglied des Deutschen Bundestages. Als Bundesminister setzt er sich besonders für den Chancenkontinent Afrika ein. Mit der Vorstellung des Marshallplans mit Afrika wurde ein umfassendes Handlungskonzept vorgelegt. Müller initiierte den Zukunftscharta-Prozess, die Gründung des deutschen Textilbündnisses sowie die Sonderinitiative EINEWELT ohne Hunger. 2017 erschien *Unfair! Für eine gerechte Globalisierung* im Murmann Verlag.

Machen Sie mit bei zwei konkreten Projekten

Jeder kann sich engagieren. Viele einzelne Schritte bewegen etwas Großes.
Die »Allianz Entwicklung und Klima« bietet dir als Person, Behörde oder Unternehmen die Möglichkeit, dich klimaneutral zu stellen und in Entwicklungsprojekte zu investieren.
»1000 Schulen für unsere Welt« ermöglicht mit circa 50 000 Euro den Bau einer Schule und Kindern Ausbildung und Zukunft.

Projekt 1:

Eine Initiative der kommunalen Spitzenverbände

Bildung zu fördern heißt, Armut zu verringern und Perspektiven vor Ort zu schaffen – weltweit. Sie bedeutet, Kindern eine Zukunft und Menschen Chancen auf Beschäftigung, auf Verbleib in der Heimat und auf eine freie Gestaltung ihres Lebens zu bieten.
Deswegen haben die kommunalen Spitzenverbände im November 2018 unter Schirmherrschaft von Dr. Gerd Müller, Bundesminister für wirtschaftliche Zusammenarbeit und Entwicklung, die Gemeinschaftsinitiative »1000 Schulen für unsere Welt« ins Leben gerufen. Die Idee hierzu kam vom Landrat Stefan Rößle, der bereits selbst zahlreiche Schulbauprojekte unterstützt hat.
Unter dem Dach der Initiative rufen Kommunen zu Spenden auf, um gemeinsam mit ihren Bürgerinnen und Bürgern sowie der lokalen Wirtschaft Schulbauprojekte in Entwicklungs- und Schwellenländern umzusetzen.

Nach gut einem Jahr sind so bereits über 100 Schulbauprojekte in über 20 Ländern angestoßen und über drei Millionen Euro Spendengelder gesammelt worden.

Damit jede engagierte Kommune ihr passendes Schulbauprojekt findet, ist die Initiative nicht auf eine Umsetzungsorganisation festgelegt. »1000 Schulen für unsere Welt« unterstützt die Zusammenarbeit mit verschiedenen Vereinen und Stiftungen, die den Schulbau vor Ort verantworten, umsetzen und auf die sachgemäße Verwendung der Gebäude achten. Denn uns ist besonders wichtig, dass die Schulgebäude langfristig als Bildungsstätten genutzt werden können.

Jedes Schulbauprojekt kann und sollte in der Kommune, zum Beispiel mit Aktionen zur Spendensammlung oder entwicklungspolitischer Bildungsarbeit, begleitet werden. Und aus jedem Schulbauprojekt kann ein mittel- oder langfristiges Engagement entstehen. Wir beraten gerne zu den entsprechenden Möglichkeiten.

Engagieren auch Sie sich zusammen mit Ihrer Kommune und geben Sie Schülerinnen und Schülern in ärmeren Ländern die Möglichkeit, in einer sicheren Umgebung zu lernen.

Jedes Engagement zählt! Erfahrungsgemäß variieren die Kosten für eine Schule zwischen 30 000 und 80 000 Euro, aber auch kleine Spendensummen können viel bewegen.

Weitere Informationen finden Sie unter:
www.1000SchulenfuerunsereWelt.de

Projekt 2:

Gemeinsam für nachhaltige Entwicklung und globalen Klimaschutz

So funktioniert's:

→ Wenn Sie als Unternehmen, Institution oder Privatperson einen Beitrag zur Erreichung der UN-Nachhaltigkeitsziele und zu internationalem Klimaschutz leisten möchten, bringt Sie die Allianz für Entwicklung und Klima mit zertifizierten Kompensationspartnern zusammen.

→ Diese beraten Sie bei der Auswahl konkreter Projekte, die Sie für besonders geeignet halten. Oder Sie entwickeln gemeinsam eigene, individuelle Entwicklungs- und Klimaschutzprojekte.

→ Anschließend erwerben Sie hochwertige Klimazertifikate. Diese garantieren eine hohe Qualität der Projekte.

→ Das Geld für den Erwerb der Klimazertifikate fließt direkt vor Ort in die jeweiligen Projekte. Die Anzahl der erworbenen Zertifikate übersetzt sich unmittelbar in den Umfang der bewirkten Verbesserung der globalen CO_2-Bilanz.

→ Die CO_2-Kompensation über den Erwerb von Klimazertifikaten ist eine sehr sinn- und vor allem wirkungsvolle Möglichkeit der Entwicklungsförderung und des Klimaschutzes in Ergänzung zur eigenen Vermeidung und Reduktion von Treibhausgasen.

Dreifach gut für die Zukunft

1. **Wir schaffen nachhaltige Perspektiven für Entwicklungs- und Schwellenländer.**
Aufforsten, alternative Energieerzeugung, Ausstattung von Haushalten mit emissionsarmen Kochöfen und vieles mehr. Mit der Unterstützung vielfältiger Projekte verbessern wir die Lebensbedingungen vieler Menschen, ermöglichen ihnen nachhaltiges Handeln und Wirtschaften und tragen zum Erhalt der Biodiversität bei.

2. **Wir schützen das Weltklima mit Hilfe wirkungsvoller CO_2-Kompensation.**
Alle Projekte, für die sich die Unterstützer unserer Allianz engagieren, haben eine messbare positive CO_2-Wirkung. Das heißt: Über den Erwerb von CO_2-Zertifikaten wird nachweislich der Klimaschutz auf globaler Ebene befördert.

3. **Unser Lebensstandard geht nicht auf Kosten anderer.**
Über die Verbesserung des Lebensstandards in Entwicklungs- und Schwellenländern fördern wir wirtschaftliche und soziale Stabilität und festigen internationale Partnerschaften, die sich auch positiv auf unsere eigene Lebensperspektive auswirken.

Mit unseren Projekten unterstützen wir die 17 Ziele für nachhaltige Entwicklung der Agenda 2030.

Werden Sie Teil der Lösung!
Seit ihrer Gründung hat die Allianz für Entwicklung und Klima schon viel erreicht. Mehrere Hundert Unterstützer haben sich ihr bereits angeschlossen: Unternehmen, Vereine, Verbände, Nichtregierungsorganisationen, Hochschulen, Städte, Kommunen, Landesministerien, Kompensationsanbieter und Privatpersonen engagieren sich für Projekte in Entwicklungs- und Schwellenländern, die vielfältige positive Wirkungen vor Ort erzielen und globale Zusammenhänge verständlich machen.

JETZT ONLINE UNTERSTÜTZER WERDEN:
allianz-entwicklung-klima.de
info@allianz-entwicklung-klima.de

Zum Ausgleich für die entstandene CO_2-Emission bei der Produktion dieses Buches unterstützen wir die Erhaltung und Wiederaufforstung des Kibale-Nationalparks in Uganda. Das Projekt trägt zum Klimaschutz bei, indem die Bäume bei der Fotosynthese Kohlenstoff aus der Luft binden, es schützt die Biodiversität des tropischen Waldes und sichert 260 Arbeitsplätze.

Bibliografische Information der Deutschen Nationalbibliothek
Die Deutsche Nationalbibliothek verzeichnet diese Publikation in der Deutschen Nationalbibliografie; detaillierte bibliografische Daten sind im Internet über http://dnb.d-nb.de abrufbar.

Das Werk einschließlich aller seiner Teile ist urheberrechtlich geschützt. Jede Verwertung ist ohne Zustimmung des Verlages unzulässig. Das gilt insbesondere für Vervielfältigungen, Übersetzungen, Mikroverfilmungen und die Einspeicherung und Verarbeitung in elektronischen Systemen.

Der Verlag weist ausdrücklich darauf hin, dass er, sofern dieses Buch externe Links enthält, diese nur bis zum Zeitpunkt der Buchveröffentlichung einsehen konnte. Auf spätere Veränderungen hat der Verlag keinerlei Einfluss. Eine Haftung des Verlags ist daher ausgeschlossen.

4. Auflage 2020
Copyright © 2020 Murmann Publishers GmbH, Hamburg
Manuskript Februar 2020 abgeschlossen

Lektorat: Evelin Schultheiß, Kirchwalsede
Druck und Bindung: CPI books GmbH, Leck
Printed in Germany

ISBN 978-3-86774-649-6

Besuchen Sie unseren Webshop: www.murmann-verlag.de
Ihre Meinung zu diesem Buch interessiert uns!
Zuschriften bitte an info@murmann-publishers.de
Den Newsletter des Murmann Verlages können Sie anfordern unter newsletter@murmann-publishers.de